मेकॅनिक मोटर व्हेईकल MMV द्विवतीय वर्ष हिन्दी MCQ

मनोज डोळे

डिजिटाइजेशन समय की मांग है। भविष्य में, प्रशिक्षण को अधिक सुविधाजनक और आसान बनाने के लिए ऑनलाइन इंटरनेट का उपयोग करके औद्योगिक प्रशिक्षण संस्थानों में प्रशिक्षण आयोजित करने की आवश्यकता होगी। एमसीक्यू प्रश्नों के एक सेट वाली ई-पुस्तकें प्रशिक्षुओं को उपलब्ध कराई जाएंगी क्योंकि उन्हें अपने औद्योगिक प्रशिक्षण संस्थानों में होने वाली ऑनलाइन परीक्षाओं की तैयारी के लिए बहुविकल्पीय प्रश्नों एमसीक्यू के अधिक आदी होने की आवश्यकता है।

इन सब बातों को ध्यान में रखते हुए औद्योगिक प्रशिक्षण संस्थान सतारा के प्रशिक्षक श्री मनोज मधुकर डोले ने नई वार्षिक प्रणाली और एनएसक्यूएफ-5 पाठ्यक्रम के अनुसार पुस्तकें लिखी हैं। और उन्होंने प्रशिक्षण को आसान बनाने के लिए सैद्धांतिक मोबाइल ऐप और ब्लॉग बनाए हैं, और इन सभी शैक्षिक सामग्री को विश्व प्रसिद्ध वेबसाइटों Google Play Store, Amazon और Apple Book Store पर डाउनलोड के लिए उपलब्ध कराया है।

पुस्तकों का प्रकाशन माननीय सहसंचालक श्री राजेंद्र घुमे साहेब प्रादेशिक व्यावसायिक शिक्षण व प्रशिक्षण कार्यालय, पुणे द्वारा दिनांक 9/1/2019 को किया गया, इस समय श्री प्रकाश सहगवकर साहब प्राचार्य शासकीय औद्योगिक प्रशिक्षण संस्थान औंध पुणे, श्री तुकाराम मिसाल साहेब प्राचार्य सरकार प्र. संस्था सतारा, श्री सचिन धूमल साहब जिला व्यावसायिक शिक्षा एवं प्रशिक्षण अधिकारी सतारा, श्री यतिन परगांवकर साहब प्राचार्य शासन. Q. संस्था कोल्हापुर, श्री विकास टेक साहब इंस्पेक्टर वोकेशनल एजुकेशन एंड ट्रेनिंग रीजनल ऑफिस पुणे, पालेकर फूड्स प्रोडक्ट्स प्रा. लि. सतारा के उद्यमी अध्यक्ष श्री नीलकंठराव पालेकर साहब, हीरा फूड्स के अध्यक्ष श्री इब्राहिम बाबा तंबोली साहब, श्रीमती शाल्मली पवार मुख्याध्यापिका शासकीय तकनीकी विद्यालय केंद्र सतारा सहित अन्य गणमान्य व्यक्ति इस अवसर पर उपस्थित थे।

क्रम-सूची

प्रस्तावना

मेकॅनिक मोटर व्हेईकल MMV द्वितीय वर्ष हिन्दी MCQ आईटीआई इंजीनियरिंग कोर्स मैकेनिक मोटर व्हीकल (एमएमवी) के लिए एक सरल ई-बुक है। , द्वितीय वर्ष, में संशोधित एनएसक्यूएफ पाठ्यक्रम, इसमें रेखांकित और बोल्ड सही उत्तरों के साथ वस्तुनिष्ठ प्रश्न शामिल हैं एमसीक्यू सभी विषयों को कवर करता है जिसमें गियर बॉक्स, सिंगल प्लेट क्लच सहित हल्के वाहन / भारी वाहन ट्रांसमिशन इकाइयों के बारे में सभी विषय शामिल हैं। असेंबली, डायाफ्राम क्लच असेंबली, कॉन्स्टेंट मेश गियर बॉक्स, सिंक्रोमेश गियर बॉक्स, गियर लिंकेज, प्रोपेलर शाफ्ट, यूनिवर्सल स्लिप जॉइंट, रियर एक्सल असेंबली, डिफरेंशियल असेंबली, लाइट व्हीकल चेसिस यूनिट्स, शेकल, लीफ स्प्रिंग, फ्रंट एक्सल, फ्रंट और रियर सस्पेंशन, स्टीयरिंग गियरबॉक्स- वर्म और रोलर टाइप, स्टीयरिंग गियरबॉक्स- रेटिकुलेटिंग बॉल टाइप, मास्टर सिलेंडर, टेंडेम मास्टर सिलेंडर, फ्रंट और रियर ब्रेक, व्हील सिलेंडर, वैक्यूम बूस्टर, एयर सर्वो यूनिट, एयर टैंक (जलाशय), व्हील बैलेंसिंग और व्हील एलाइनमेंट, इलेक्ट्रॉनिक कंट्रोल यूनिट, चार्जिंग सिस्टम, स्टार्टिंग सिस्टम, व्हीकल एयर कंडीशनिंग सिस्टम, ट्रैफिक रेगुलेशन और भी बहुत कुछ।

हम प्रत्येक नए संस्करण के साथ नए प्रश्न उत्तर जोड़ते हैं। किसी भी त्रुटि/चूक के मामले में कृपया हमें ईमेल करें।

भूमिका

डीजीईटी नई दिल्ली और सीएसटीएआरआई कोलकाता अगस्त 2018 सत्र से आईटीआई में सभी व्यवसायों के लिए एक वार्षिक पैटर्न लागू कर रहे हैं। परीक्षा प्रणाली में भी बदलाव किया जाएगा और यह इस साल से ऑनलाइन हो जाएगी और चूंकि सभी प्रश्न वस्तुनिष्ठ प्रकार (एमसीक्यू) के हैं, इसलिए प्रशिक्षुओं को गहन अध्ययन की सख्त जरूरत है। इसे ध्यान में रखते हुए हमें पुराने NIMI पैटर्न पर आधारित पुस्तकें और नए वार्षिक पैटर्न का संपूर्ण अवलोकन प्रस्तुत करते हुए प्रसन्नता हो रही है, और हम आशा करते हैं कि ये पुस्तकें सभी व्यावसायिक निदेशकों और प्रशिक्षुओं के लिए एक मार्गदर्शक होंगी। है।

इन पुस्तकों को लिखने के लिए आईटीआई अकलुज के प्राचार्य जोहर अवाटे साहब ने कहा। आईटीआई सतारा सहगवकर साहब के पूर्व प्राचार्य, सहायक निदेशक श्री चंद्रकांत ढेकने साहेब क्षेत्रीय व्यावसायिक शिक्षा एवं प्रशिक्षण कार्यालय, पुणे, जिला व्यावसायिक शिक्षा एवं प्रशिक्षण अधिकारी सचिन धूमल साहेब एवं प्रधानाध्यापक शासकीय तकनीकी विद्यालय केन्द्र शाल्मली पवार मैडम एवं पुत्र अधिराज डोले, माता कुसुम डोले , मैं अपने पिता मधुकर डोले और पत्नी अश्विनी डोले को समय-समय पर उनके विशेष मार्गदर्शन और सहयोग के लिए बहुत आभारी हूं।

साथ ही, बहुत ही कम समय में श्री राजेन्द्र घुमे साहेब, संयुक्त निदेशक, व्यावसायिक शिक्षा और प्रशिक्षण क्षेत्रीय कार्यालय, पुणे द्वारा पुस्तक के प्रकाशन में उनके अमूल्य समय के लिए पुस्तक की समीक्षा की गई। मैं उनकी प्रतिक्रिया के लिए हृदय से आभारी हूँ।

पुस्तक लिखने की शुरुआत से ही निरंतर समर्थन के लिए मैं आईटीआई सतारा के प्रशिक्षक का आभारी हूं।

इस पुस्तक से, मैं खुद को धन्य मानता हूं कि मैंने आपके साथ ई-लर्निंग पर अपने विचार साझा किए। मैं यह दावा नहीं करूंगा कि यह पुस्तक पूर्ण है, क्योंकि पूर्णता को देखते हुए यह पुस्तक एक प्रयास है और अपनी शैशवावस्था में है। यदि उनका परीक्षण और सुझाव दिया जाए तो वे सुधार के लिए मूल्यवान होंगे।

मनोज डोले

दिनांक 9/1/2019

पावती (स्वीकृति)

21वीं सदी में औद्योगिक क्षेत्र में तेजी से बढ़ती मांग के अनुरूप बहु-कुशल कारीगरों की आपूर्ति के लिए व्यावसायिक शिक्षा और प्रशिक्षण विभाग के माध्यम से व्यावसायिक शिक्षा और प्रशिक्षण विभाग के माध्यम से व्यावसायिक शिक्षा और प्रशिक्षण प्रदान किया जाता है। संस्थानों के भीतर सभी व्यवसाय महत्वपूर्ण हैं, क्योंकि इन व्यवसायों के प्रशिक्षु उद्योग की मांगों के अनुसार बहु-कौशल विकसित करते हैं।

सभी व्यवसायों के लिए उपयुक्त एमसीक्यू ई-पुस्तकें उपलब्ध कराने के नेक इरादे से, यह देखते हुए कि औद्योगिक क्षेत्र के सभी उद्योगों में सभी परीक्षाएं ऑनलाइन आयोजित की जाती हैं और इसमें एमसीक्यू पद्धति के प्रश्न शामिल होते हैं। श्री मनोज मधुकर डोले ने नए वार्षिक पाठ्यक्रम के अनुसार एमसीक्यू पद्धति पर एक बहुत अच्छी ई-बुक लिखी है। यह ई-पुस्तक निश्चित रूप से सभी प्रशिक्षुओं, प्रशिक्षु उम्मीदवारों, प्रशिक्षण प्रशिक्षकों और अन्य संबंधितों के लिए एक मार्गदर्शक होगी।

पुस्तक के लेखक श्री मनोज मधुकर डोले, इंस्ट्रक्टर गॉव आईटीआई सतारा को 17 साल का प्रशिक्षण अनुभव है। एक नए वार्षिक पैटर्न के रूप में लिखी गई, यह ई-बुक प्रत्येक विषय के लिए लेआउट, सरल भाषा और सरल सिंटैक्स, आरेख और वीडियो को समझने के लिए आधुनिक डिजिटल क्यूआर कोड तकनीक को शामिल करती है। इसलिए मुझे विश्वास है कि यह ई-पुस्तक निश्चित रूप से गहन अध्ययन और परीक्षा अभ्यास के लिए उपयोगी होगी। उन्होंने जो कार्य किया है वह निश्चित रूप से काबिले तारीफ है।

श्री तुकाराम मिसाल
प्राचार्य शासकीय औद्योगिक प्रशिक्षण संस्था सातारा.

आमुख

हमारे औद्योगिक प्रशिक्षण संस्थानों की औद्योगिक प्रशिक्षण और सैद्धांतिक परीक्षा प्रणाली और इन परिवर्तनों को शिल्प प्रशिक्षकों और प्रशिक्षुओं द्वारा स्वीकार किया गया है। आपके औद्योगिक प्रशिक्षण संस्थानों में आयोजित सैद्धांतिक परीक्षाएं भी ऑनलाइन आयोजित की जाती हैं। चूंकि ये परीक्षाएं बहुविकल्पीय एमसीक्यू पद्धति की हैं, इसलिए प्रशिक्षुओं को ऐसे प्रश्नों का अधिक अभ्यास करने की आवश्यकता होगी।

इन सब बातों को ध्यान में रखते हुए श्री मनोज मधुकर, निदेशक, डोले क्राफ्ट्स, कटारी औद्योगिक प्रशिक्षण संस्थान, सतारा, ने नई वार्षिक प्रणाली और NSQF-5 के अनुसार, गहन अध्ययन किया है और अपनी मेहनत से और अपनी गहरी बुद्धि को जोड़ा है। पाठ्यक्रम, कटारी और अन्य मशीन ट्रेडों की ई-बुक। -बुक) और उन्होंने प्रशिक्षण को आसान बनाने के लिए सैद्धांतिक विषयों पर मोबाइल ऐप और ब्लॉग बनाए हैं और इन सभी शैक्षिक सामग्री को विश्व प्रसिद्ध वेबसाइटों Google Play Store, Amazon और Apple Book Store पर डाउनलोड के लिए उपलब्ध कराया है। प्रिंट संस्करण बनाकर और क्यूआर कोड जैसी उन्नत तकनीकों का उपयोग करके प्रशिक्षण को आसान बना दिया गया है।

ये सभी शैक्षिक सामग्री निश्चित रूप से सभी प्रशिक्षुओं के लिए गहन अध्ययन के लिए और शिल्प प्रशिक्षकों और अन्य संबंधितों के लिए एक मार्गदर्शक होगी जो व्यावसायिक प्रशिक्षण प्रदान कर रहे हैं।

1

मेकॅनिक मोटर व्हेईकल MMV द्वितीय वर्ष QR Code Images

Download App
Online Test Exam
ITI Books
AutoCAD CAM
JOB & Apprentice
Online Theory
Computer Course
Trading Course
CNC Course
MSCIT Course
Shopping Business
Internet Business
Web Designing
Online Services
Top Sportsmans
Indian Army
Freedom Fighters
Top Scientists
Social Reformers
Motivational Speaker
Top Richest People
Join WhatsApp Group
Join Facebook Group
Like Facebook Page
PAN / Adhar / Licence
Passport

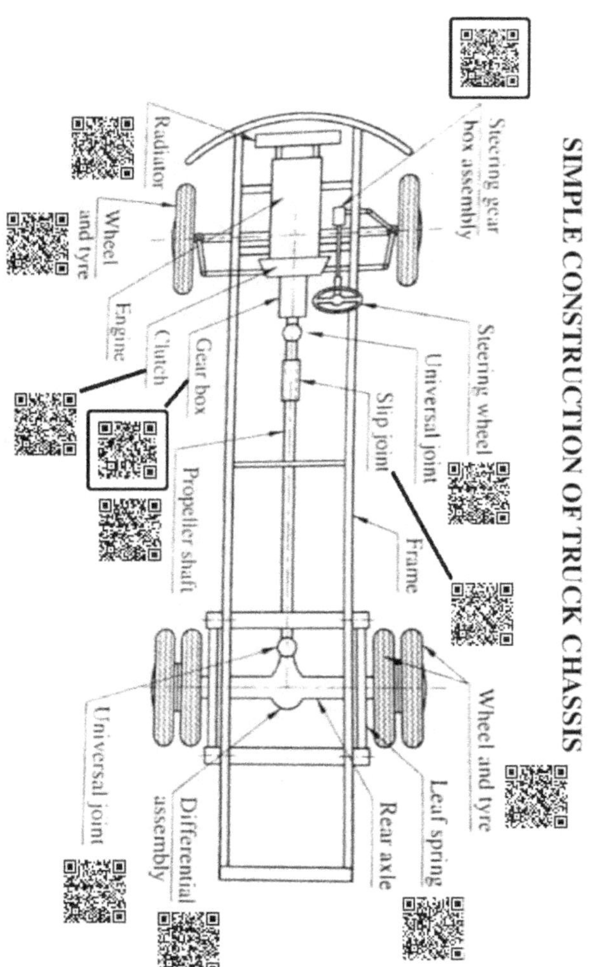

SIMPLE CONSTRUCTION OF TRUCK CHASSIS
Steering gear box assembly
Radiator
Wheel and tyre
Engine
Clutch
Gear box
Propeller shaft
Steering wheel
Universal joint
Slip joint
Frame
Wheel and tyre
Leaf spring
Rear axle
Differential assembly
Universal joint

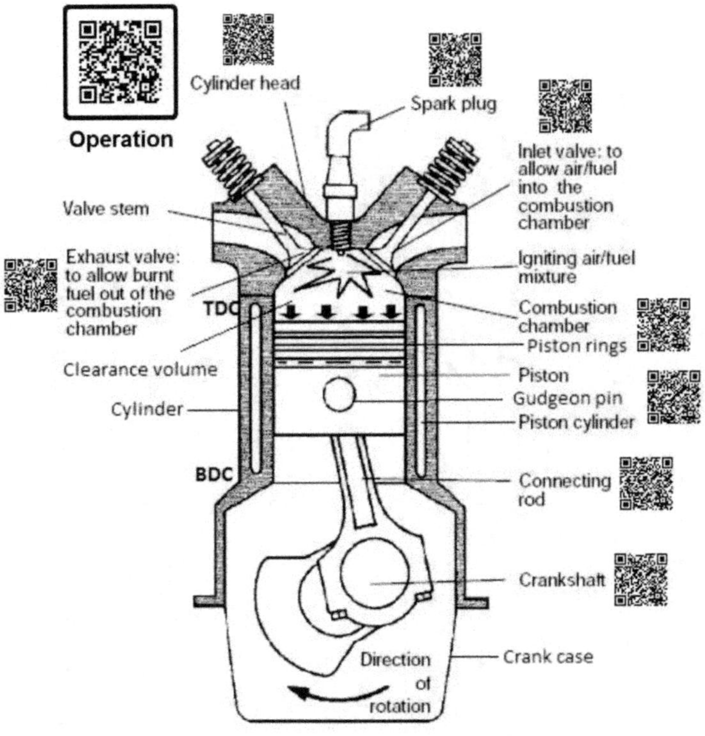

Petrol Engine Details

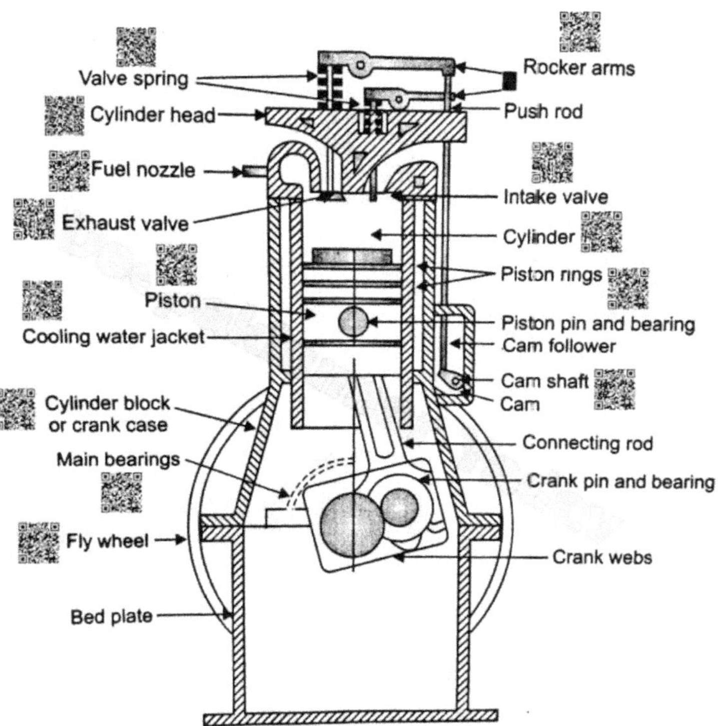

Components of Diesel Engine

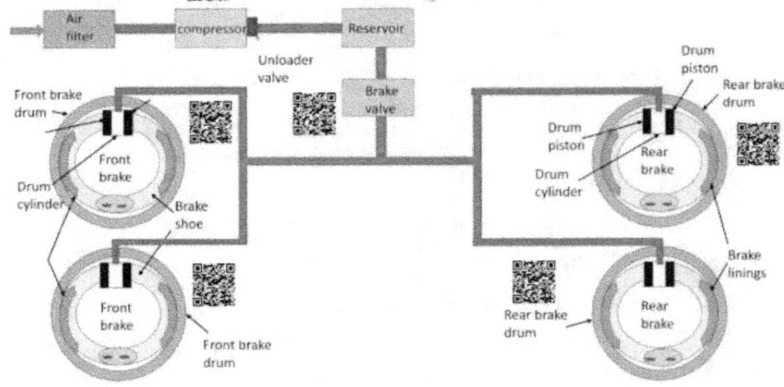

Auto Coolant System

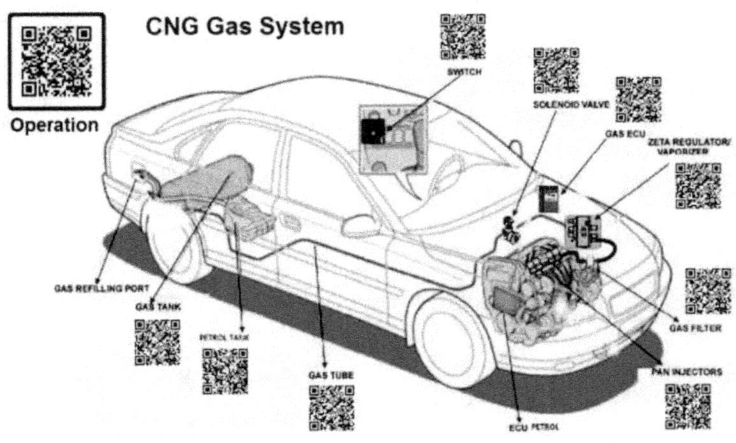
CNG Gas System
Operation
SWITCH
SOLENOID VALVE
GAS ECU
ZETA REGULATOR/
VAPORIZER
GAS REFILLING PORT
GAS TANK
PETROL TANK
GAS TUBE
GAS FILTER
PAN INJECTORS
ECU PETROL

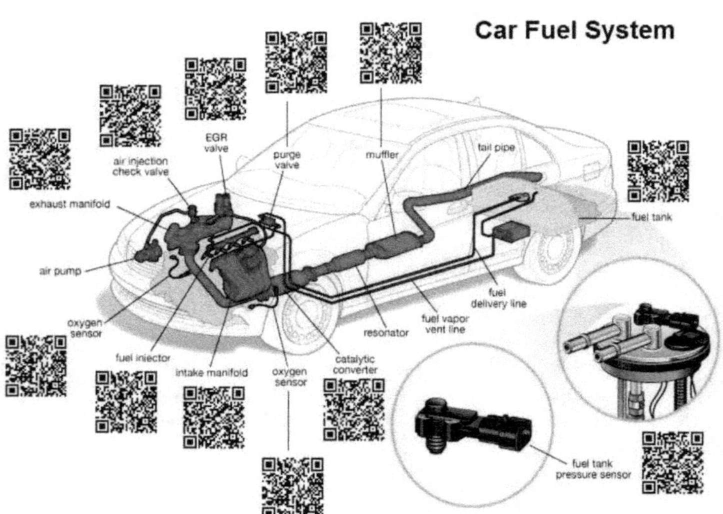
Car Fuel System
EGR
valve
air injection
check valve
purge
valve
muffler
tail pipe
exhaust manifold
fuel tank
air pump
fuel
delivery line
oxygen
sensor
fuel vapor
vent line
fuel injector
resonator
intake manifold
oxygen
sensor
catalytic
converter
fuel tank
pressure sensor

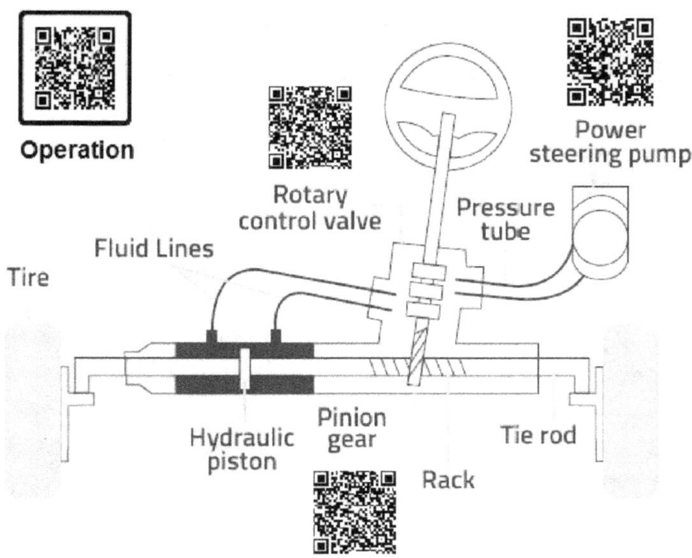

Power Steering System

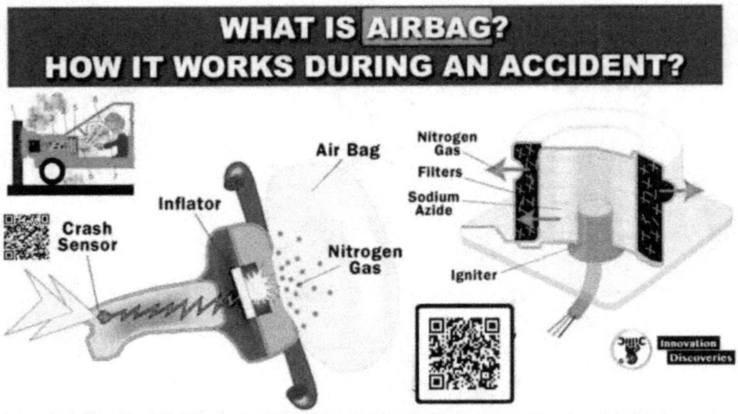

WHAT IS AIRBAG?
HOW IT WORKS DURING AN ACCIDENT?
Air Bag
Nitrogen Gas
Filters
Sodium Azide
Crash Sensor
Inflator
Nitrogen Gas
Igniter
Innovation Discoveries
AIR BAG SYSTEM 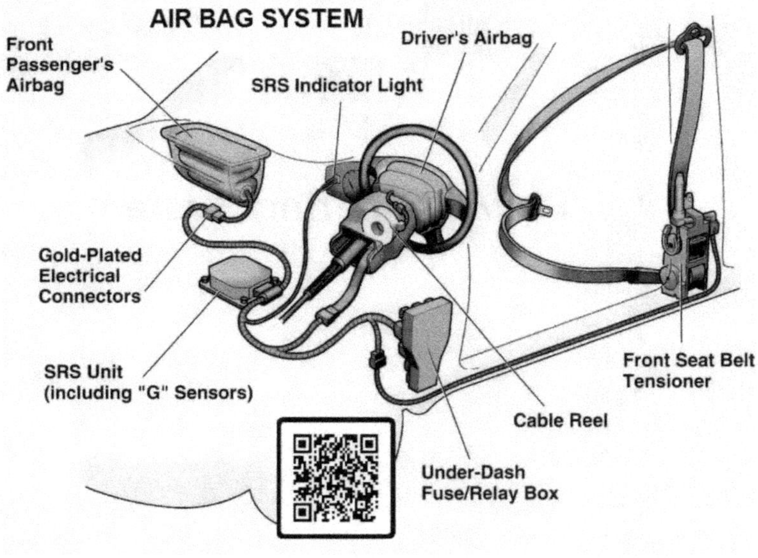
Front Passenger's Airbag
Driver's Airbag
SRS Indicator Light
Gold-Plated Electrical Connectors
SRS Unit (including "G" Sensors)
Front Seat Belt Tensioner
Cable Reel
Under-Dash Fuse/Relay Box

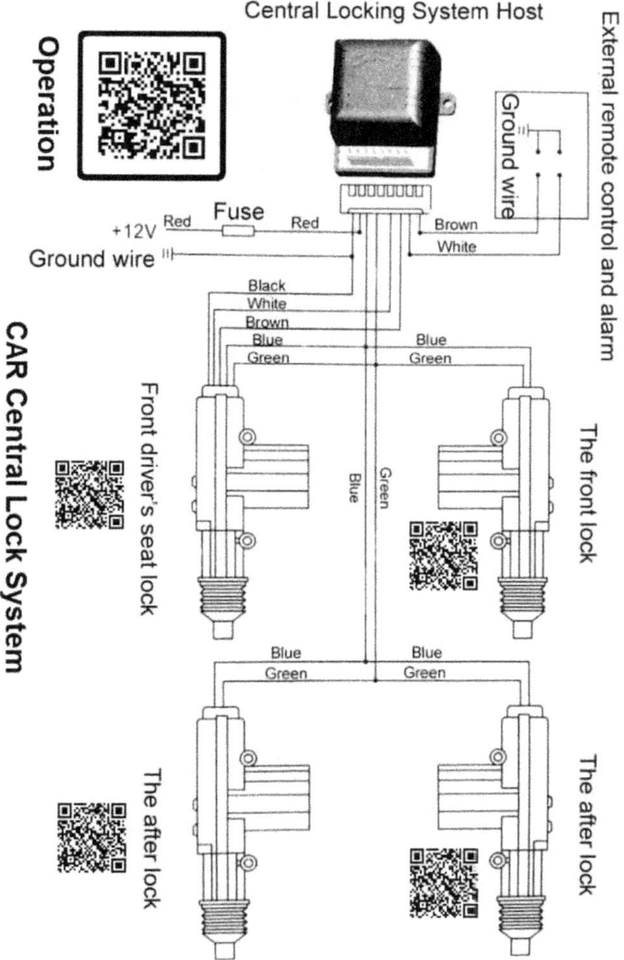
Operation
CAR Central Lock System
Central Locking System Host
External remote control and alarm
Ground wire
Fuse
+12V
Red
Red
Brown
White
Ground wire
Black
White
Brown
Blue
Green
Blue
Green
Blue
Green
Front driver's seat lock
The front lock
Blue
Green
Blue
Green
The after lock
The after lock

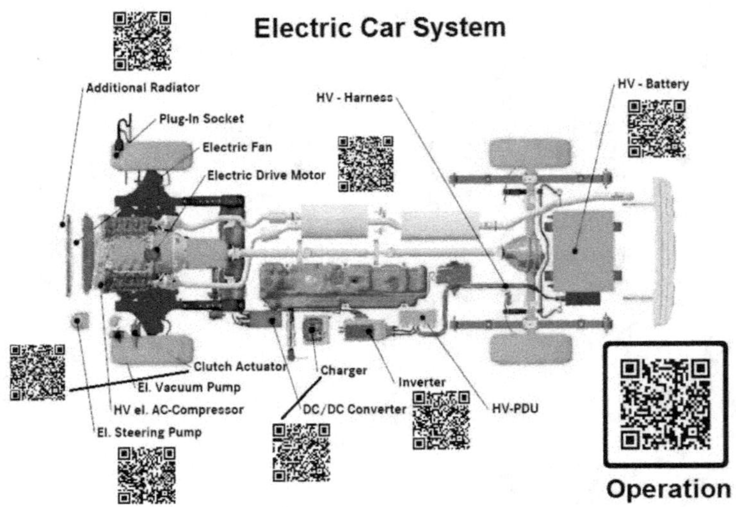
Electric Car System
Additional Radiator
Plug-In Socket
Electric Fan
Electric Drive Motor
HV - Harness
HV - Battery
Clutch Actuator
Charger
Inverter
El. Vacuum Pump
HV el. AC-Compressor
DC/DC Converter
HV-PDU
El. Steering Pump
Operation

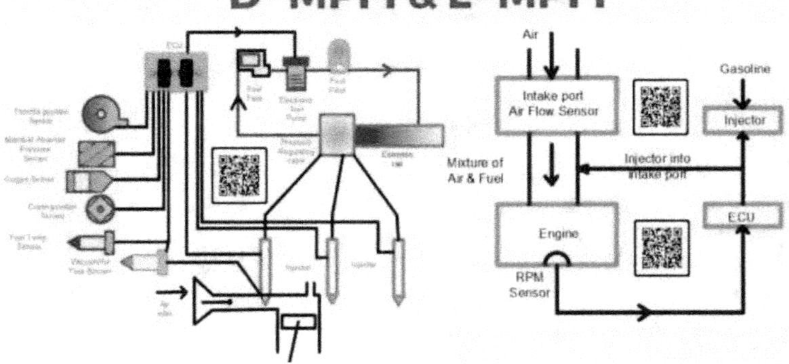
Multi Point Fuel Injection Syastem
D- MPFI & L- MPFI
Air
Intake port
Air Flow Sensor
Gasoline
Injector
Mixture of
Air & Fuel
Injector into
intake port
Engine
ECU
RPM
Sensor

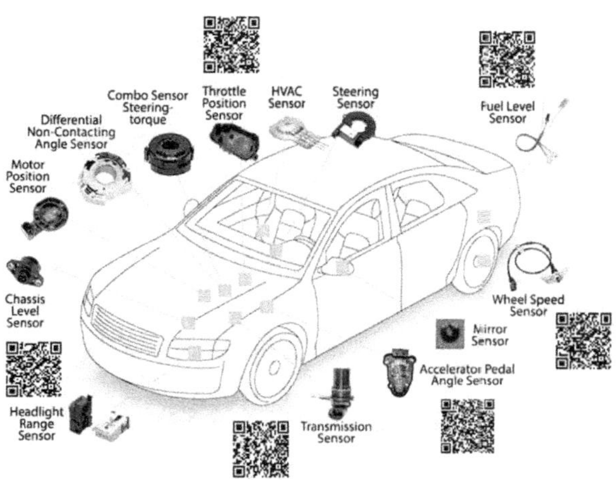

Car Sensor System

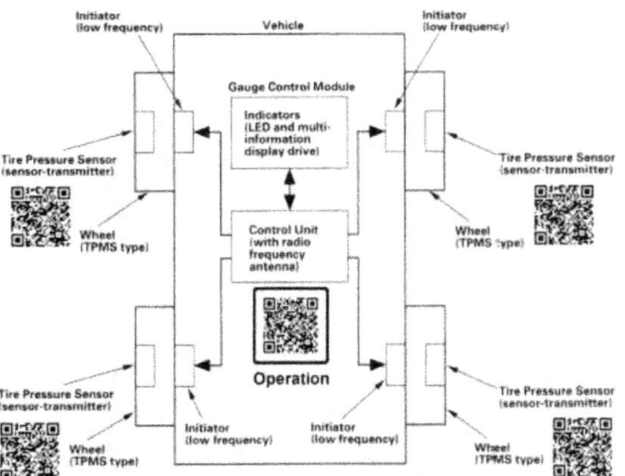

Car Tire Pressure Monitoring System (TPMS)

Dynamo (Alternator) distributor cap in car

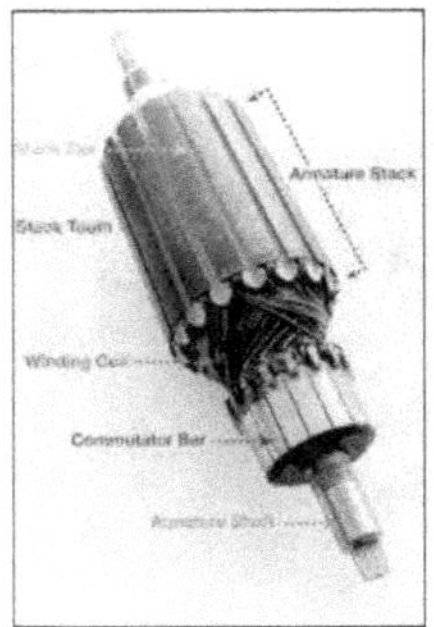

Starter winding armature in vehicle

Air tank safety valve

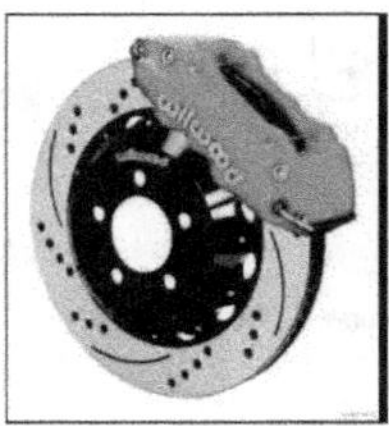

Brakes in car

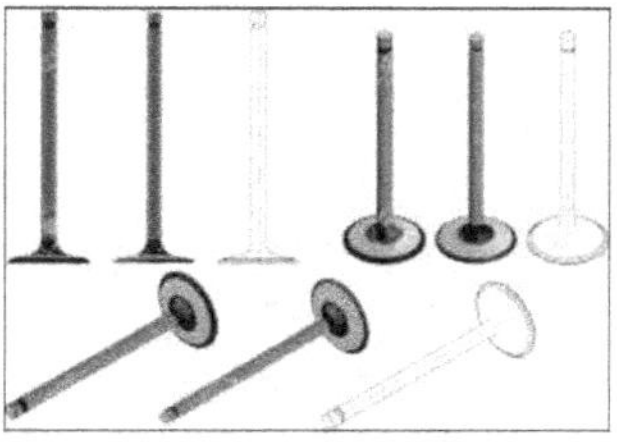

Engine valves

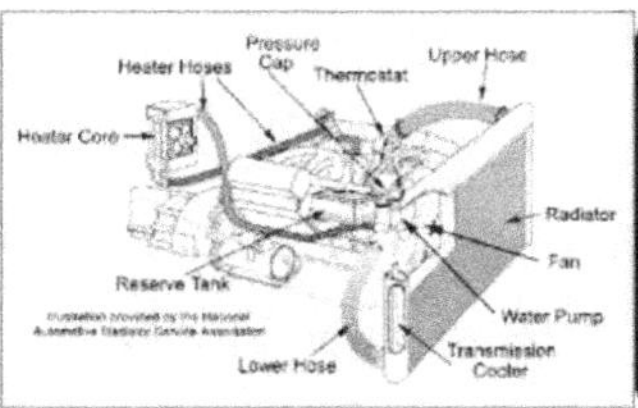

Cooling system in car

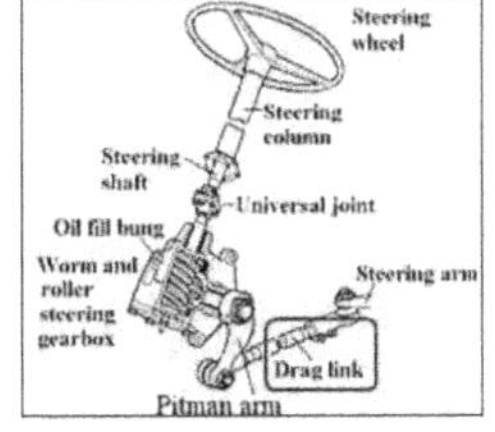

Steering gearbox in vehicle

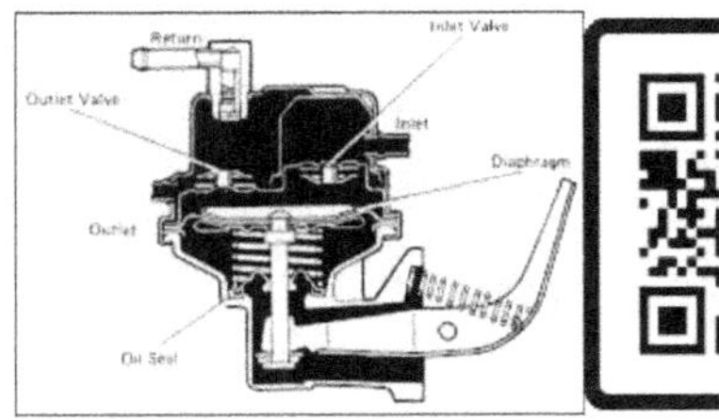

Fuel pump in Vehicle

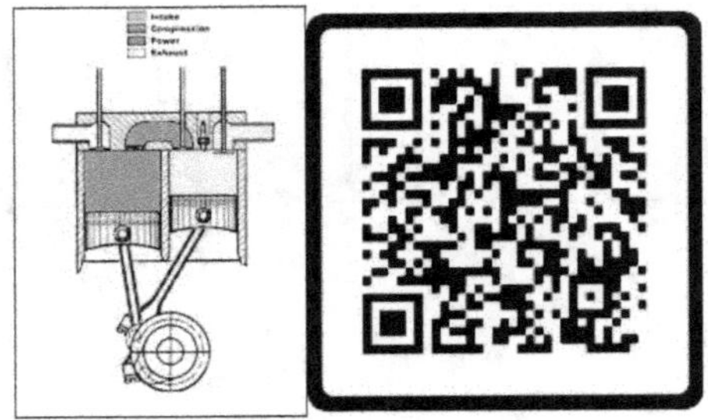

Engine in vehicle

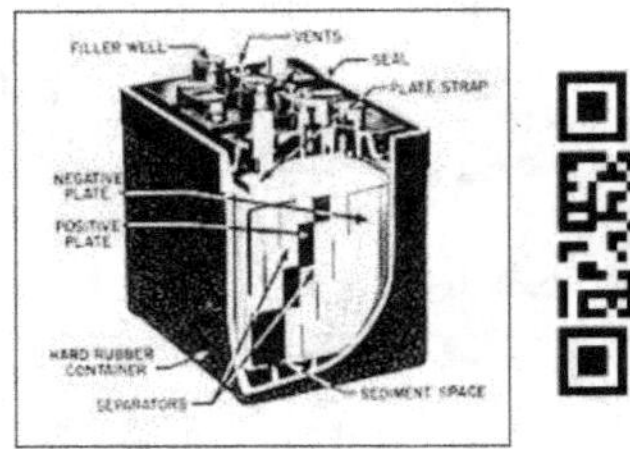

Lead acid battery in vehicle

Piston & rings in Engine

Radiator cap in vehicle

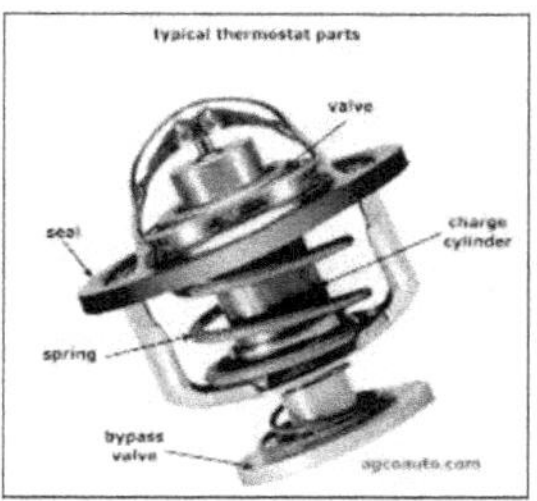 

Thermostat valve in vehicle

2

मेकॅनिक मोटर व्हेईकल MMV द्वितीय वर्ष हिन्दी MCQ

गियर बदलने के लिए इंजन को डिस्कनेक्ट करता है

ए] इंजन

बी] <u>चंगुल</u>

सी] अंतिम ड्राइव

डी] यू जोड़ों

2] प्रेशर प्लेट को बाहर निकालता है।

ए] क्लच कवर

बी] रिलीज असर

सी] <u>उंगलियोंकोछोड़दें</u>

डी] क्लच प्लेट

3] इंजन टॉर्क को ट्रांसमिशन शाफ्ट तक पहुंचाता है।

ए] क्लच कवर

बी] रिलीज असर

सी] उंगलियों को छोड़ दें

डी] <u>क्लचप्लेट</u>

4] ड्रॉल प्लेट के साथ धक्का

ए] क्लच कवर

बी] <u>रिलीजअसर</u>

सी] उंगलियों को छोड़ दें

डी] क्लच प्लेट

5] फ्लाई व्हील के साथ प्रेशर प्लेट रखता है

ए] <u>क्लचकवर</u>

बी] रिलीज असर

सी] उंगलियों को छोड़ दें

डी] क्लच प्लेट

6] गियर बॉक्स में प्रयुक्त

ए] मल्टी प्लेट क्लच

बी] <u>डॉगक्लच</u>

सी] शंकु क्लच

डी] डायाफ्राम क्लच

dog clutches2   mmv dog clutches

वाहन में कुत्ते की पकड़

7] अधिक घर्षण क्षेत्र प्रदान करता है

ए] मल्टी प्लेट क्लच

बी] डॉग क्लच

सी] <u>शंकुक्लच</u>

डी] डायाफ्राम क्लच

8] छोटे चक्का का प्रयोग किया जाता है

ए] <u>मल्टीप्लेटक्लच</u>

बी] डॉग क्लच

सी] शंकु क्लच

डी] डायाफ्राम क्लच

9] स्प्रिंग एक रिलीज लीवर के रूप में कार्य करता है

ए] मल्टी प्लेट क्लच

बी] डॉग क्लच

सी] शंकु क्लच

डी] <u>डायाफ्रामक्लच</u>

10] ड्राइव तंत्र का प्रकार

ए] पिनियन

बी] <u>ओवररनिंगक्लच</u>

सी] सवार डिस्क

डी] क्लच

11] पिनियन और आर्मेचर की तेज गति को रोकता है

ए] पिनियन

बी] ओवर रनिंग क्लच

सी] सवार डिस्क

डी] <u>क्लच</u>

12] फ्लाईव्हील रिंग के साथ संलग्न है

ए] <u>पिनियन</u>

बी] ओवर रनिंग क्लच

सी] सवार डिस्क

डी] क्लच

13] परिनालिका के दो टर्मिनलों को जोड़िए।

ए] पिनियन

बी] ओवर रनिंग क्लच

सी] <u>सवारडिस्क</u>

डी] क्लच

14] डबल डिक्लच जरूरी नहीं है

ए] स्लाइडिंग जाल

बी] <u>सिंक्रोमेश</u>

सी] डबल डिक्लचिंग

डी] स्थानांतरण मामला

15] चार पहिया वाहन में प्रयुक्त

ए] स्लाइडिंग जाल

बी] सिंक्रोमेश

सी] डबल डिक्लचिंग

डी] <u>स्थानांतरण मामला</u>

16] केवल स्पर गियर का उपयोग किया जाता है

ए] <u>स्लाइडिंग जाल</u>

बी] सिंक्रोमेश

सी] डबल डिक्लचिंग

डी] स्थानांतरण मामला

17] चिकनी गियर स्थानांतरण के लिए प्रयुक्त

ए] स्लाइडिंग जाल

बी] सिंक्रोमेश

सी] <u>डबल डिक्लचिंग</u>

डी] स्थानांतरण मामला

18] हार्ड गियर शिफ्टिंग किसके कारण होती है

ए] घिसा हुआ क्लच डिस्क

बी] क्षतिग्रस्त मुख्य शाफ्ट बीयरिंग

सी] <u>तुल्यकालन इकाई क्षतिग्रस्त</u>

डी] गियरबॉक्स में अत्यधिक तेल।

gears   gear box

<u>गियर</u>

19] गियर स्लिप किसके कारण होता है?

ए] <u>पहना हुआ सिंक्रोनाइज़र</u>

बी] घिसा हुआ क्लच डिस्क

सी] सूखी मुख्य शाफ्ट असर

डी] क्लच का कमजोर दबाव वसंत।

20] विशेष गियर में शोर किसके कारण होता है

ए] अपर्याप्त क्लच पेडल फ्री प्ले

बी] क्षतिग्रस्त गियर दांत

सी] फटा गियर बॉक्स केस

डी] <u>क्षतिग्रस्त सिंक्रोमेश इकाई।</u>

21] वाहन को उलटते समय चालक को नियंत्रित करना चाहिए

ए] <u>क्लच</u>

बी] फॉरवर्ड गियर

सी] त्वरक

डी] हैंड ब्रेक।

22] क्लच प्लेट असेंबली में एक सेंटर स्टील डिस्क होती है जिसमें स्प्रिंग के साथ रिवेट किया जाता है

ए] ताकत

बी] लचीलापन

सी] कम शोर

डी] <u>झटकेअवशोषित</u>

23] कुत्ते के चंगुल का इस्तेमाल में किया जाता है

ए] <u>गियरबॉक्स</u>

बी] घर्षण चंगुल

सी] ब्रेक

डी] अंतर

speed gear box6

gear box

वाहन में स्पीड गियर बॉक्स

24] सिंक्रोमेश तंत्र प्रदान किया जाता है

ए] वाहन की गति बढ़ाना

बी] वाहन की गति को कम करना

C] <u>स्मूथ गियर एंगेजमेंट</u>

डी] उपरोक्त में से कोई नहीं।

25] केवल स्पर गियर का उपयोग किया जाता है

ए] स्लाइडिंग जाल

बी] सिंक्रोमेश

सी] डबल डिक्लचिंग

डी] स्थानांतरण मामला

26] चिकनी गियर स्थानांतरण के लिए प्रयुक्त

ए] स्लाइडिंग जाल

बी] सिंक्रोमेश

सी] डबल डिक्लचिंग

डी] स्थानांतरण मामला

27] हार्ड गियर शिफ्टिंग किसके कारण होती है

ए] घिसा हुआ क्लच डिस्क

बी] क्षतिग्रस्त मुख्य शाफ्ट बीयरिंग

सी] तुल्यकालन इकाई क्षतिग्रस्त

डी] गियरबॉक्स में अत्यधिक तेल।

28] गियर स्लिप किसके कारण होता है?

ए] पहना हुआ सिंक्रोनाइजर

बी] घिसा हुआ क्लच डिस्क

सी] सूखी मुख्य शाफ्ट असर

डी] क्लच का कमजोर दबाव वसंत।

29] विशेष रूप से गियर में शोर किसके कारण होता है

ए] अपर्याप्त क्लच पेडल फ्री प्ले

बी] क्षतिग्रस्त गियर दांत

सी] फटा गियर बॉक्स केस

डी] क्षतिग्रस्त सिंक्रोमेश इकाई ।

30] गियरशिफ्ट लीवर का उपयोग के लिए किया जाता है

ए] रिलीजिंग क्लच

बी] गियर बदलना

C] इंजन की गति बढ़ाना

डी] वाहन की दिशा को नियंत्रित करना।

31] किस प्रकार के स्टीयरिंग गियर बॉक्स में चर स्टीयरिंग राशन प्राप्त किया जाता है?

ए] वर्मऔररोलरस्टीयरिंगगियर

बी] वर्म और नट स्टीयरिंग गियर

सी] वर्म और सेक्टर स्टीयरिंग गियर

डी] रैक और पिनियन स्टीयरिंग गियर

steering gearbox3   steering system

वाहन में स्टीयरिंग गियरबॉक्स

32] वाहन के माध्यम से अलग गति प्राप्त करता है

ए] <u>गियरबॉक्स</u>

बी] क्लच

सी] अंतर

डी] रियर एक्सल और व्हील

33] कुत्ते के चंगुल का प्रयोग किया जाता है

ए] <u>गियरबॉक्स</u>

बी] घर्षण चंगुल

सी] ब्रेक

डी] अंतर

34] एक 3 स्पीड गियर बॉक्स में निम्नलिखित संयोजन गियर प्रदान किए जाते हैं

ए] <u>3 आगेऔर 1 रिवर्स</u>

बी] 2 आगे और 1 रिवर्स

सी] 4 आगे

डी] 2 आगे और 2 रिवर्स

35] कौन सा गियर अक्षीय विश्वास उत्पन्न नहीं करता है

ए] <u>स्परगियर</u>

बी] पेचदार गियर

सी] सर्पिल बेवल गियर

डी] बेवल गियर

36] कौन सा गियर रोटरी गति को रैखिक गति में परिवर्तित करता है

ए] वर्म गियर्स

बी] हेरिंग बोन गियर

सी] <u>रेकऔररपिनियन</u>

डी] पेचदार गियर

37] गियर स्लिप होने का क्या कारण है

ए] बिना चिकनाई वाला गियर लिंका-गेस

बी] गियर बॉक्स में कम तेल

सी] गियर के टूटे दांत

डी] <u>गियरलीवरकागलतसमायोजन</u>

38] डिफरेंशियल गियर रेशियो की गणना निम्नलिखित में से किसी एक कथन से की जा सकती है:

ए] सन गियर

बी] <u>ग्रहगियर</u>

सी] क्राउन व्हील

डी] पिनियन

diffrential gear box3

Diffrential

ट्रक में डिफरेंशियल गियर बॉक्स

39] निम्न इंजन तेल दबाव के कारण हो सकता है

ए] भरा हुआ तेल फिल्टर

बी] तेल के नाबदान में अधिक तेल भरा

सी] इस्तेमाल किए गए तेल की उच्च चिपचिपाहट

डी] <u>पंपगियरकेबीचअत्यधिकप्रतिक्रिया</u>

40] रोड व्हील टॉर्क बढ़ाता है

ए] इंजन

बी] चंगुल

सी] <u>अंतिमड्राइव</u>

डी] यू जोड़ों

41] चार पहिया वाहन में प्रयुक्त

ए] स्लाइडिंग जाल

बी] सिंक्रोमेश

सी] डबल डिक्लचिंग

डी] स्थानांतरण <u>मामला</u>

42] चार पहिया ड्राइव का इस्तेमाल किया जाना चाहिए

ए] हमेशा

B] पहाड़ी पर चढ़ते समय

सी] <u>रेत पर (गंदी जमीन)</u>

डी] पहाड़ी पर चढ़ते समय।

43] गीली या रेतीली सड़कों पर वाहन चलाते समय हमेशा प्रयोग करें

ए] <u>केवल चार पहिया ड्राइव</u>

बी] केवल दो पहिया ड्राइव

सी] केवल पहला गियर

डी] अधिक त्वरण।

44] दबाव में द्रव

ए] भारी शुल्क इंजन शुरू करने के लिए

बी] स्टार्टर मोटर

सी] <u>हाइड्रोलिक क्रैंकिंग</u>

डी] इलेक्ट्रिक मोटर

45] गैसोलीन इंजन

ए] <u>भारी शुल्क इंजन शुरू करने के लिए</u>

बी] स्टार्टर मोटर

सी] हाइड्रोलिक क्रैंकिंग

डी] इलेक्ट्रिक मोटर

46] बैटरी पावर

ए] भारी शुल्क इंजन शुरू करने के लिए

बी] <u>स्टार्टर मोटर</u>

सी] हाइड्रोलिक क्रैंकिंग

डी] इलेक्ट्रिक मोटर

47] एयर कंप्रेसर द्वारा संचालित

ए] भारी शुल्क इंजन शुरू करने के लिए

बी] स्टार्टर मोटर

सी] हाइड्रोलिक क्रैंकिंग

डी] <u>इलेक्ट्रिक मोटर</u>

48] हाइड्रोलिक फ्लोर जैक का उपयोग किया जाता है

ए] किंग पिन बुश को हटाने के लिए

बी] <u>पहिया उठाने के लिए</u>

सी] झाड़ी को दबाने के लिए

डी] नौकरी पकड़ो।

49]हाइड्रोलिक ब्रेक सिस्टम में द्रव का दबाव किसके द्वारा नियंत्रित होता है

ए] कानून उबालता है

बी] चार्ल्स कानून

C] <u>पास्कलकानियम</u>

डी] उपरोक्त कानूनों में से कोई नहीं

50] मास्टर सिलेंडर में द्रव का दबाव निर्भर करता है

ए] <u>मास्टरसिलेंडरपिस्टनक्षेत्र</u>

बी] पहिया सिलेंडर पिस्टन क्षेत्र

सी] पाइप लाइन दीया

डी] द्रव चिपचिपापन

51] सिलेंडर के अंदर और बाहर दोनों तरह से तरल पदार्थ की अनुमति देता है

ए] पिस्टन

बी] पुश रॉड

सी] प्राथमिक कप

डी] <u>चेकवाल्व</u>

52] क्षतिपूर्ति बंदरगाह को सील करता है

ए] पिस्टन

बी] पुश रॉड

सी] <u>प्राथमिककप</u>

डी] चेक वाल्व

53] पिस्टन को सक्रिय करता है

ए] पिस्टन

बी] पुशरॉड

सी] प्राथमिक कप

डी] चेक वाल्व

54] द्रव पर दबाव विकसित करता है

ए] <u>पिस्टन</u>

बी] पुश रॉड

सी] प्राथमिक कप

डी] चेक वाल्व

piston rings & valves7   diesel-engine-piston-rings

इंजन में पिस्टन और रिंग

55] बाहर जाने के लिए ईंधन पर दबाव विकसित करता है

ए] वाल्व

बी] कुंडल वसंत

सी] <u>डायाफ्राम</u>

डी] रॉकर आर्म

56] डायाफ्राम को सक्रिय करता है

ए] वाल्व

बी] कुंडल वसंत

सी] डायाफ्राम

डी] <u>रॉकरआर्म</u>

57] ईंधन को अंदर और बाहर बहने दें

ए] <u>वाल्व</u>

बी] कुंडल वसंत

सी] डायाफ्राम

डी] रॉकर आर्म

engine valves3

diesel engine-valve-spring

इंजन वाल्व

58] डायाफ्राम को वापस करने में मदद करता है।

ए] वाल्व

बी] कुंडलवसंत

सी] डायाफ्राम

डी] रॉकर आर्म

59] एक अतिप्रवाह वाल्व का उपयोग किया जाता है

ए] ईंधन भराव से अतिरिक्त ईंधन वापस भेजने के लिए

बी] ईंधन फिल्टर को अधिक ईंधन की आपूर्ति करने के लिए

सी] स्वच्छ ईंधन की आपूर्ति करने के लिए

डी] लीक होने वाले ईंधन को लेने के लिए।

60] स्नेहन प्रणाली में अत्यधिक तेल का दबाव किसके कारण हो सकता है

ए] नाबदान में इंजन तेल की कम मात्रा

बी] राहतवाल्वकागलतसमायोजन

सी] चूषण पाइप पर कम चूषण प्रभाव

डी] उपरोक्त में से कोई नहीं

61] जब तेल का दबाव निर्धारित सीमा से ऊपर बढ़ जाता है, तो तेल वापस नाबदान में लौट आता है

ए] दबावराहतवाल्व

बी] पास वाल्व द्वारा

सी] तेल फिल्टर

डी] तेल पंप

62] स्टब एक्सल को मोड़ने में मदद करता है

ए] फ्रंट एक्सल

बी] ट्रैक रॉड

सी] स्टब एक्सल

डी] स्टबएक्सलआर्म

63] स्प्रिंग्स और स्टीयरिंग लिंकेज वहन करता है।

ए] फ्रंटएक्सल

बी] ट्रैक रॉड

सी] स्टब एक्सल

डी] स्टब एक्सल आर्म

64] स्टीयरिंग व्हील की गति को स्टब एक्सल तक पहुंचाता है

ए] फ्रंट एक्सल

बी] ट्रैकरॉड

सी] स्टब एक्सल

डी] स्टब एक्सल आर्म

65] स्टीयरिंग उद्देश्य के लिए किंग पिन के बारे में धुरी

ए] फ्रंट एक्सल

बी] ट्रैक रॉड

सी] स्टबएक्सल

डी] स्टब एक्सल आर्म

66] स्प्रिंग माउंटिंग के लिए एक सीट के रूप में कार्य करता है

ए] किंगपिन

बी] स्प्रिंगपैड

सी] स्टब एक्सल शाफ्ट भाग

डी] ट्रैक रॉड बॉल जोड़ों

67] फ्रंट एक्सल को स्टब एक्सल से जोड़ता है

ए] किंगपिन

बी] स्प्रिंग पैड

सी] स्टब एक्सल शाफ्ट भाग

डी] ट्रैक रॉड बॉल जोड़ों

68] ट्रैक रॉड के लिए लचीला आंदोलन प्रदान करता है

ए] किंगपिन

बी] स्प्रिंग पैड

सी] स्टब एक्सल शाफ्ट भाग

डी] ट्रैकरॉडबॉलजोड़ों

69] व्हील हब बियरिंग्स को समायोजित करता है।

ए] किंगपिन

बी] स्प्रिंग पैड

सी] स्टबएक्सलशाफ्टभाग

डी] ट्रैक रॉड बॉल जोड़ों

70] फ्रेम के तल पर धुरी और वसंत के लिए एक सीट के रूप में कार्य करता है

ए] ऊपरी नियंत्रण शाखा

बी] कुंडल वसंत

सी] बॉल जोड़

डी] लोअरकंट्रोलआर्म

71] स्टीयरिंग अंगुली की गति के लिए धुरी के रूप में कार्य करता है

ए] ऊपरी नियंत्रण शाखा

बी] कुंडल वसंत

सी] बॉलजोड

डी] लोअर कंट्रोल आर्म

72] कुशनिंग प्रभाव प्रदान करता है

ए] ऊपरी नियंत्रण शाखा

बी] कुंडलवसंत

सी] बॉल जोड़

डी] लोअर कंट्रोल आर्म

73] फ्रेम के शीर्ष पर धुरी और वसंत के लिए एक सीट के रूप में कार्य करता है

ए] ऊपरीनियंत्रणशाखा

बी] कुंडल वसंत

सी] बॉल जोड़

डी] लोअर कंट्रोल आर्म

74] जब सामने के पहिये सीधे आगे की स्थिति में हों और किंग पिन सेंटर और स्टीयरिंग आर्म्स एंड से होकर रेखाएँ खींची जाती हैं, तो वे किस बिंदु पर मिलेंगे?

ए] फ्रंट एक्सल के केंद्र में

बी] चेसिस के केंद्र में

सी] अंतर के पीछे पीछे धुरी के केंद्र में

D] <u>डिफरेंशियलकेठीकआगेरियरएक्सलकेकेंद्रमें</u>

75] अपनी गति को जाली वाले हिस्सों में पहुंचाता है

ए] स्टीयरिंग व्हील

बी] <u>कृमि</u>

सी] स्टीयरिंग कॉलम

डी] सेक्टर/रोलर/बॉल नट/पेग

76] स्टीयरिंग कॉलम को घुमाता है

ए] <u>स्टीयरिंगव्हील</u>

बी] कृमि

सी] स्टीयरिंग कॉलम

डी] सेक्टर/रोलर/बॉल नट/पेग

77] एक चाप गति में घूमता है और इसे क्रॉस शाफ्ट तक पहुंचाता है

ए] स्टीयरिंग व्हील

बी] कृमि

सी] स्टीयरिंग कॉलम

डी] <u>सेक्टर/रोलर/बॉलनट/पेग</u>

78] कृमि को घुमाता है

ए] स्टीयरिंग व्हील

बी] कृमि

सी] <u>स्टीयरिंगकॉलम</u>

डी] सेक्टर/रोलर/बॉल

79] सामने के पहिये का बाहरी झुकाव

ए] नकारात्मक ऊँट कोण

बी] <u>सकारात्मकढलाईकारकोण</u>

सी] किंगपिन झुकाव

डी] शामिल कोण वाहन

80] सामने के पहिये का आवक झुकाव

ए] नकारात्मक ऊँट कोण

बी] <u>सकारात्मकढलाईकारकोण</u>

सी] किंगपिन झुकाव

डी] शामिल कोण वाहन

81] टायर सेंटर लाइन और किंगपिन सेंटर लाइन के बीच का कोण

ए] नकारात्मक ऊँट कोण

बी] सकारात्मक ढलाईकार कोण

सी] किंगपिन झुकाव

डी] शामिलकोणवाहन

82] किंगपिन का झुकाव वाहन के केंद्र की ओर

ए] नकारात्मक ऊँट कोण

बी] सकारात्मक ढलाईकार कोण

सी] किंगपिनझुकाव

डी] शामिल कोण वाहन

83] किस प्रकार के स्टीयरिंग गियर बॉक्स में चर स्टीयरिंग राशन प्राप्त किया जाता है?

ए] वर्मऔररोलरस्टीयरिंगगियर

बी] वर्म और नट स्टीयरिंग गियर

सी] वर्म और सेक्टर स्टीयरिंग गियर

डी] रैक और पिनियन स्टीयरिंग गियर

84] एक निलंबन में एक अकड़ छड़ का प्रयोग किया जाता है

ए] पारंपरिक I बीम एक्सल टाइप सस्पेंशन

बी] कुंडल वसंत प्रकार निलंबन प्रणाली

सी] टोरसन बार निलंबन प्रणाली

डी] मैकफर्सनसिस्टम

85] स्प्रिंग्स और स्टीयरिंग लिंकेज वहन करता है।

ए] फ्रंटएक्सल

बी] ट्रैक रॉड

सी] स्टब एक्सल

डी] स्टब एक्सल आर्म

86] स्प्रिंग माउंटिंग के लिए एक सीट के रूप में कार्य करता है

ए] किंगपिन

बी] स्प्रिंगपैड

सी] स्टब एक्सल शाफ्ट भाग

डी] ट्रैक रॉड बॉल जोड़ें

87] फ्रेम के निचले भाग पर धुरी और वसंत के लिए एक सीट के रूप में कार्य करता है

ए] ऊपरी नियंत्रण शाखा

बी] कुंडल वसंत

सी] बॉल जोड़

डी] <u>लोअरकंट्रोलआर्म</u>

88] कुशनिंग प्रभाव प्रदान करता है

ए] ऊपरी नियंत्रण शाखा

बी] <u>कुंडलवसंत</u>

सी] बॉल जोड़

डी] लोअर कंट्रोल आर्म

89] हॉटचकिस ड्राइव में रियर और ड्राइविंग टॉर्क किसके द्वारा लिया जाता है

ए] रियर एक्सल हाउसिंग

बी] <u>रियरलीफस्प्रिंग</u>

सी] सदमे अवशोषक

डी] इंजन माउंटिंग

90] हेल्पर स्प्रिंग का प्रयोग में किया जाता है

ए] कारें

बी] जीप

सी] हल्का मोटर वाहन

डी] <u>भारीट्रक</u>

91] टायर सेंटर लाइन और किंगपिन सेंटर लाइन के बीच का कोण

ए] नकारात्मक ऊँट कोण

बी] सकारात्मक ढलाईकार कोण

सी] किंगपिन झुकाव

डी] <u>शामिलकोणवाहन</u>

92] टायर की बाहरी सतह पर दिखने वाले गंजे धब्बे किसके कारण होते हैं

ए] अत्यधिक गति

बी] टायर के रोटेशन की कमी

सी] <u>असंतुलितपहिया</u>

डी] मुद्रास्फीति से अधिक

93] किंग पिन की केंद्र रेखा और टायर के केंद्र बिंदु से एक लंबवत रेखा के बीच के कोण को कहा जाता है

ए ऊँट कोण

बी ढलाईकार कोण

C. मोड़ों पर पैर का अंगूठा बाहर कोण

डी] किंगपिनझुकाव

94] पेडल को सामान्य स्थिति में वापस लाता है

ए] ब्रेक पेडल

बी] लिंकेज

सी] कैम

डी] पेडलरिटर्नस्प्रिंग

95] ब्रेक शू का विस्तार करता है

ए] ब्रेक पेडल

बी] लिंकेज

सी] कैम

डी] पेडल रिटर्न स्प्रिंग

96] कैम का संचालन करता है

ए] ब्रेक पेडल

बी] लिंकेज

सी] कैम

डी] पेडल रिटर्न स्प्रिंग

97] लिंकेज का संचालन करता है

ए] ब्रेकपेडल

बी] लिंकेज

सी] कैम

डी] पेडल रिटर्न स्प्रिंग

98] आगे और पीछे के पहियों को तरल पदार्थ की आपूर्ति करता है

ए] ब्रेक पेडल

बी] मास्टर सिलेंडर पिस्टन

सी] व्हील सिलेंडर पिस्टन

डी] वितरणखंड

99] ब्रेक शू को ड्रम की ओर धकेलता है

ए] ब्रेक पेडल

बी] मास्टर सिलेंडर पिस्टन

सी] व्हीलसिलेंडरपिस्टन

डी] वितरण खंड

100] द्रव पर दबाव बनाता है

ए] ब्रेक पेडल

बी] मास्टरसिलेंडरपिस्टन

सी] व्हील सिलेंडर पिस्टन

डी] वितरण खंड

101] लिंकेज के माध्यम से मास्टर सिलेंडर पिस्टन को धक्का देता है।

ए] ब्रेकपेडल

बी] मास्टर सिलेंडर पिस्टन

सी] व्हील सिलेंडर पिस्टन

डी] वितरण खंड

102] सिलेंडर के अंदर और बाहर दोनों तरह से तरल पदार्थ की अनुमति देता है

ए] पिस्टन

बी] पुश रॉड

सी] प्राथमिक कप

डी] चेकवाल्व

103] क्षतिपूर्ति बंदरगाह को सील करता है

ए] पिस्टन

बी] पुश रॉड

सी] प्राथमिककप

डी] चेक वाल्व

104] पिस्टन को सक्रिय करता है

ए] पिस्टन

बी] पुशरॉड

सी] प्राथमिक कप

डी] चेक वाल्व

105] द्रव पर दबाव विकसित करता है

ए] पिस्टन

बी] पुश रॉड

सी] प्राथमिक कप

डी] चेक वाल्व

106] ब्रेक ड्रम के लिए निम्नलिखित में से किस सामग्री का उपयोग नहीं किया जाता है।

ए] स्टील

बी] कॉपर

सी] कच्चा लोहा

डी] एल्यूमिनियम मिश्र धातु

107] एक पहिया सिलेंडर के सिरों पर रबर बूट का उपयोग करने का उद्देश्य है...

ए] <u>विदेशीकणोंकेप्रवेशकोरोकनेकेलिए</u>

बी] सिलेंडर के अंदर हवा की अनुमति देने के लिए

सी] वापसी ब्रेक तरल पदार्थ को बाहर निकलने की अनुमति देने के लिए

डी] सिलेंडर से हवा के बाहर निकलने को रोकने के लिए

108] रिवर्स ब्रेकिंग के दौरान शोर को कम करने के लिए

ए] डबल पिस्टन व्हील सिलेंडर

बी] सिंगल पिस्टन व्हील सिलेंडर

सी] स्टेप-बोर व्हील सिलेंडर

डी] <u>बाधकप्रकारपहियासिलेंडर</u>

109] जूतों पर ब्रेक लगाना बल बढ़ाने के लिए

ए] डबल पिस्टन व्हील सिलेंडर

बी] <u>सिंगलपिस्टनव्हीलसिलेंडर</u>

सी] स्टेप-बोर व्हील सिलेंडर

डी] बाधक प्रकार पहिया सिलेंडर

110] दो प्रमुख शू ब्रेक के संचालन के लिए

ए] <u>डबलपिस्टनव्हीलसिलेंडर</u>

बी] सिंगल पिस्टन व्हील सिलेंडर

सी] स्टेप-बोर व्हील सिलेंडर

डी] बाधक प्रकार पहिया सिलेंडर

111] अग्रणी और अनुगामी जूता ब्रेक के संचालन के लिए

ए] डबल पिस्टन व्हील सिलेंडर

बी] <u>सिंगलपिस्टनव्हीलसिलेंडर</u>

सी] स्टेप-बोर व्हील सिलेंडर

डी] बाधक प्रकार पहिया सिलेंडर

mmv air tank safety valve

air tank safety valve

एयर टैंक सुरक्षा वाल्व

112] एयर टैंक से हवा के अतिरिक्त दबाव से राहत देता है।

ए] एयर कंप्रेसर

बी] अनलोडर वाल्व

सी] <u>सुरक्षावाल्व</u>

डी] ब्रेक चैम्बर

brakes   Disk Brake

कार में ब्रेक

113] हाउस डायफ्राम और पुशरोड

ए] एयर कंप्रेसर

बी] अनलोडर वाल्व

सी] सुरक्षा वाल्व

डी] <u>ब्रेकचैम्बर</u>

114] सिस्टम को संपीड़ित हवा प्रदान करता है

ए] <u>एयरकंप्रेसर</u>

बी] अनलोडर वाल्व

सी] सुरक्षा वाल्व

डी] ब्रेक चैम्बर

115] अधिकतम वायु दाब को नियंत्रित करता है, वायु टैंक तक पहुँचता है।

ए] एयर कंप्रेसर

बी] <u>अनलोडरवाल्व</u>

सी] सुरक्षा वाल्व

डी] ब्रेक चैम्बर

116] पार्किंग के दौरान फेल सेफ ब्रेक सिस्टम में ब्रेक कैसे लगाए जाते हैं

ए] ब्रेक एक्ट्यूएटर में वायु दाब द्वारा

बी] <u>ब्रेकएक्ट्यूएटरमेंवसंतदबावसे</u>

सी] ब्रेक एक्ट्यूएटर में वैक्यूम द्वारा

डी] यांत्रिक हाथ ब्रेक द्वारा

117] हवा से आगे और पीछे के ब्रेक की आपूर्ति करता है

ए] ब्रेक एक्ट्यूएटर

बी] <u>दोहरीब्रेकवाल्व</u>

सी] सिस्टम सुरक्षा वाल्व

डी] फ्लिक वाल्व

118] वाहन पार्किंग के लिए संचालित।

ए] ब्रेक एक्ट्यूएटर

बी] दोहरी ब्रेक वाल्व

सी] सिस्टम सुरक्षा वाल्व

डी] <u>फ्लिकवाल्व</u>

119] स्प्रिंग प्रेशर लगाता है और सिस्टम में हवा का दबाव कम होने पर ब्रेक लगाता है

ए] <u>ब्रेकएक्ट्यूएटर</u>

बी] दोहरी ब्रेक वाल्व

सी] सिस्टम सुरक्षा वाल्व

डी] फ्लिक वाल्व

120] विभिन्न सर्किटों में हवा वितरित करता है

ए] ब्रेक एक्ट्यूएटर

बी] दोहरी ब्रेक वाल्व

सी] <u>सिस्टमसुरक्षावाल्व</u>

डी] फ्लिक वाल्व

121] यह इंगित करने के लिए कि वाहन को ब्रेक लगाया जा रहा है

ए] हेडलाइट

बी] पार्किंग लाइट

सी] <u>प्रकाश बंद करो</u>

122] नो प्लेट लैंप और ब्रेक लैंप के रूप में उपयोग किया जाता है

बी] लघु बल्ब

सी] फेस्टून बल्ब

डी] एससी / एसएफ

ई] <u>डीसी / डीएफ</u>

123] पार्किंग ब्रेक आमतौर पर द्वारा संचालित होते हैं

ए] <u>हाथलीवरऑपरेशन</u>

बी] ब्रेक पेडल ऑपरेशन

सी] विद्युत स्विच नियंत्रण ऑपरेशन

डी] उपरोक्त में से कोई नहीं

124]हाइड्रोलिक ब्रेक सिस्टम में द्रव का दबाव किसके द्वारा नियंत्रित होता है

ए] कानून उबालता है

बी] चार्ल्स कानून

C] <u>पास्कलकानियम</u>

डी] उपरोक्त कानूनों में से कोई नहीं

125] मास्टर सिलेंडर में द्रव का दबाव निर्भर करता है

ए] <u>मास्टरसिलेंडरपिस्टनक्षेत्र</u>

बी] पहिया सिलेंडर पिस्टन क्षेत्र

सी] पाइप लाइन दीया

डी] द्रव चिपचिपापन

126] अग्रानुक्रम गुरु है

ए] <u>दोजलाशयऔरदोआउटलेट</u>

बी] एक जलाशय और दो आउटलेट

सी] टो जलाशय और एक आउटलेट

डी] एक जलाशय और एक आउटलेट

127] ब्रेक ड्रम के किन दोषों को मोड़कर ठीक नहीं किया जा सकता है?

ए] टेपर

बी] <u>ओवरहीटिंग</u>

सी] अंडाकार

डी] स्कोरिंग

128]एक पहिया सिलेंडर में द्रव का दबाव निम्नलिखित में से किसी एक तरीके से बढ़ाया जा सकता है

ए] <u>पिस्टनकेव्यासकोबदलकर</u>

B] रबर के कप का व्यास बदलने से

सी] वसंत को बदलकर

D] ब्रेक शूज़ की अदला-बदली करके

129] एयर टैंक का बना होता है

ए] <u>स्टील</u>

बी] तांबा

सी] प्लास्टिक

डी] पीतल

130] वायु टैंक पर सुरक्षा वाल्व रोकता है

ए] वायु टैंक में तेल संचय

बी] ब्रेक वाल्व तक पहुंचने वाली अतिरिक्त हवा

C] <u>उच्चदाबपरवायुटैंककाफटना</u>

डी] ब्रेक फेल होने पर चलने वाला वाहन

131] दोहरे एयर ब्रेक सिस्टम में कितने एयर टैंक का उपयोग किया जाता है

एक

बी] दो

सी] <u>तीन</u>

डी] चार

132] व्यक्ति वाहन के चालक के रूप में कार्य करता है उसे कहा जाता है

एक कंडक्टर

बी] <u>चालक</u>

सी] यात्री

डी] दर्शक।

133] वाहन को खतरनाक स्थिति में छोड़ने के लिए अधिनियम

ए] एमवी अधिनियम 1988 का 125

बी] एमवी अधिनियम 1988 के 126

सी] एमवी अधिनियम 1988 का 128

डी] <u>122 एमवी अधिनियम 1988</u>

134] रनिंग बोर्ड पर सवार होने के लिए अधिनियम

बी] एमवी अधिनियम 1988 के 126

सी] एमवी अधिनियम 1988 का 128

डी] 122 एमवी अधिनियम 1988

ई] <u>123 एमवी अधिनियम 1988</u>

135] चालक के अवरोध के लिए अधिनियम

ए] <u>एमवी अधिनियम 1988 का 125</u>

बी] एमवी अधिनियम 1988 के 126

सी] एमवी अधिनियम 1988 का 128

डी] 122 एमवी अधिनियम 1988

136] स्थिर वाहनों के लिए अधिनियम

ए] एमवी अधिनियम 1988 का 125

बी] <u>एमवी अधिनियम 1988 के 126</u>

सी] एमवी अधिनियम 1988 का 128

डी] 122 एमवी अधिनियम 1988

137] चालकों और पीछे बैठने वालों के लिए सुरक्षा उपायों के लिए अधिनियम

ए] एमवी अधिनियम 1988 का 125

बी] एमवी अधिनियम 1988 के 126

सी] <u>एमवी अधिनियम 1988 का 128</u>

डी] 122 एमवी अधिनियम 1988

138] ईंधन ले जाता है

ए] कार्बोरिटर

बी] पंप

सी] पाइप लाइन

डी] <u>पेट्रोलटैंक</u>

139] पेट्रोल स्टोर करता है

ए] कार्बोरिटर

बी] पंप

सी] पाइप लाइन

डी] <u>पेट्रोलटैंक</u>

140] इंजन को पेट्रोल वितरित करता है

ए] <u>कार्बोरिटर</u>

बी] पंप

सी] पाइप लाइन

डी] पेट्रोल टैंक

141] कार्बोरिटर को पेट्रोल वितरित करता है

ए] कार्बोरिटर

बी] <u>पंप</u>

सी] पाइप लाइन

डी] पेट्रोल टैंक

142] पेट्रोल रखता है

ए] एयर हॉर्न

बी] <u>ईंधनकटोरा</u>

सी] एयर क्लीनर

डी] एयर ब्लीड

143] यदि एक सिलेंडर में पेट्रोल हवा का मिश्रण संपीडित किया जाता है

A] इसका आयतन कम हो जाता है

बी] इसका दबाव बढ़ जाएगा

C] इसका तापमान बढ़ जाएगा

D] <u>उपरोक्तसभीघटितहोंगे</u>

144] सक्शन स्ट्रोक के दौरान पेट्रोल इंजन में खींचा गया चार्ज होता है

ए] केवल हवा

B. <u>वायुऔरपेट्रोलकामिश्रण</u>

सी] पेट्रोल केवल

डी] पेट्रोल के अलावा अन्य ईंधन

    petrol engine1   diesel petrol engine

कार में पेट्रोल इंजन

145] एक पेट्रोल इंजन में वायु ईंधन मिश्रण सिलेंडर में खींचा जाता है, जिसके दौरान वैक्यूम बनाया जाता है

ए] पावर स्ट्रोक

बी] निकास स्ट्रोक

सी] <u>सक्शनस्ट्रोक</u>

डी] संपीड़न स्ट्रोक

146] पेट्रोल इंजन की उच्च ईंधन खपत के कारण हो सकता है

ए] <u>कार्बोरेटरसेईंधनकारिसाव</u>

बी] स्नेहन प्रणाली में दोष

सी] सेवन में हवा का रिसाव कई गुना

डी] गलत निष्क्रिय गति (बहुत कम)

147] एक कार्बोरेटर में फ्लोट सर्किट प्रदान किया जाता है

ए] ईंधन वाष्प को स्टोर करने के लिए

बी] हवा और ईंधन के मिश्रण की आपूर्ति करने के लिए

C] <u>फ्लोटचैंबरमेंईंधनकाउचितस्तरबनाएरखनेकेलिए</u>

डी] उपरोक्त में से कोई नहीं

148] इंजन की गति बढ़ाएं या घटाएं

बी] स्पीडोमीटर

सी] क्लच पेडल

डी] इग्निशन स्विच

ई] त्वरक

engines5

diesel petrol engine

वाहन में इंजन

149] अन्य वाहन को ओवरटेक करने की अनुमति देते समय

ए] तेज

बी] त्वरक कम करें

सी] वाहन बंद करो

डी] वाहन को दाईं ओर ले जाएं।

150] ईंधन पकड़ने वाली आग

ए] टीडीसी

बी] साइकिल

सी] बीडीसी

डी] इग्निशन

151] टैंक को बाहरी रूप से सील करना।

ए] बफल्स

बी] फिल्टरकैप

सी] चक्कर में पैसेज

डी] फिलर नेक

152] टैंक में ईंधन की कमी को रोकता है

ए] बफल्स

बी] फिल्टर कैप

सी] चक्कर में पैसेज

डी] फिलर नेक

153] टैंक में ईंधन भरने के लिए

ए] बफल्स

बी] फिल्टर कैप

सी] चक्कर में पैसेज

डी] फिलरनेक

154] एक डिब्बे से दूसरे डिब्बे में ईंधन स्थानांतरित करने के लिए

ए] बफल्स

बी] फिल्टर कैप

सी] चक्करमेंपैसेज

डी] फिलर नेक

155] ईंधन ले जाता है

ए] कार्बोरेटर

बी] पंप

सी] पाइप लाइन

डी] पेट्रोलटैंक

156] पेट्रोल स्टोर करता है

ए] कार्बोरेटर

बी] पंप

सी] पाइप लाइन

डी] पेट्रोलटैंक

157] इंजन को डीजल डिलीवर करता है

ए] कार्बोरिटर

बी] पंप

सी] पाइप लाइन

डी] पेट्रोल टैंक

158] कार्बोरिटर को डीजल वितरित करता है

ए] कार्बोरिटर

बी] पंप

सी] पाइप लाइन

डी] पेट्रोल टैंक

fuel pump1

fuel pump

वाहन में ईंधन पंप

159] डीजल रखता है

ए] एयर हॉर्न

बी] ईंधनकटोरा

सी] एयर क्लीनर

डी] एयर ब्लीड

160] हवा के लिए मार्ग के रूप में कार्य करता है

ए] <u>एयरहॉर्न</u>

बी] ईंधन कटोरा

सी] एयर क्लीनर

डी] एयर ब्लीड

161] ईंधन के कणों को तोड़ने में मदद करता है

ए] एयर हॉर्न

बी] ईंधन कटोरा

सी] एयर क्लीनर

डी] <u>एयरब्लीड</u>

162] सिलेंडर में प्रवेश करने वाली हवा को साफ करता है

ए] एयर हॉर्न

बी] ईंधन कटोरा

सी] <u>एयरक्लीनर</u>

डी] एयर ब्लीड

163] बाहर जाने के लिए ईंधन पर दबाव विकसित करता है

ए] वाल्व

बी] कुंडल वसंत

सी] <u>डायाफ्राम</u>

डी] रॉकर आर्म

164] डायाफ्राम को सक्रिय करता है

ए] वाल्व

बी] कुंडल वसंत

सी] डायाफ्राम

डी] <u>रॉकरआर्म</u>

165] ईंधन को अंदर और बाहर बहने दें

ए] <u>वाल्व</u>

बी] कुंडल वसंत

सी] डायाफ्राम

डी] रॉकर आर्म

166] जब इंजन का तापमान अधिक होता है, इंजन इकाई में प्रतिरोध बन जाता है

ए] <u>कम</u>

बी] अधिक

सी] स्थिर रहता है

डी] उतार-चढ़ाव।

167] एक्चुएटिंग वायर का बना होता है

अगुवाई की

बी] एल्यूमिनियम

सी] कॉपर

डी] <u>नाइक्रोम</u>

168] जब लोहे का कोर चुंबक में बदल जाता है तो वह आकर्षित होता है

ए] मुख्य आर्मेचर

बी] सहायक आर्मेचर

C] <u>दोनों आर्मेचर</u>

डी] कोई आर्मेचर नहीं।

169] फ्लैशर यूनिट टर्मिनलों को चिह्नित किया गया है

ए] एचबीएस

बी] <u>एलबीपी</u>

सी] आईएसबी

डी] एबीएफ

170] अंक अलग करता है

ए] सोलेनॉइड स्विच

बी] सक्रिय तार (गर्म होने पर)

सी] गिट्टी प्रतिरोधी

डी] <u>सक्रिय तार (ठंडा होने पर)</u>

171] धारा को बिंदुओं तक सीमित करता है

ए] सोलेनॉइड स्विच

बी] सक्रिय तार (गर्म होने पर)

सी] <u>गिट्टी प्रतिरोधी</u>

डी] सक्रिय तार (ठंडा होने पर)

172] अंक बंद करता है

ए] सोलेनॉइड स्विच

बी] <u>सक्रिय तार (गर्म होने पर)</u>

सी] गिट्टी प्रतिरोधी

डी] सक्रिय तार (ठंडा होने पर)

173] कोर को चुंबक में बदल देता है

ए] <u>सोलेनॉइड स्विच</u>

बी] सक्रिय तार (गर्म होने पर)

सी] गिट्टी प्रतिरोधी

डी] सक्रिय तार (ठंडा होने पर)

174] फ्लाईव्हील मैग्नेटो में शामिल हैं

ए] अस्थायी चुंबक

बी] बार चुंबक

सी] <u>स्थायी चुंबक</u>

डी] सुई चुंबक।

175] फ्लाईव्हील मैग्नेटो में, इग्निशन कॉइल है

ए] <u>स्थिर</u>

बी] चल रहा है

सी] घूर्णन

डी] दोलन।

176] बिन्दुओं में उत्पन्न होने से रोकने के लिए

एक स्विच

बी] माध्यमिक कुंडल

सी] चक्का

डी] <u>कंडेनसर</u>

177] प्राथमिक सर्किट को पूरा करने के लिए

ए] <u>स्विच</u>

बी] माध्यमिक कुंडल

सी] चक्का

डी] कंडेनसर

178] एचटी करंट को प्रेरित करने के लिए

एक स्विच

बी] <u>माध्यमिक कुंडल</u>

सी] चक्का

डी] कंडेनसर

179] स्थायी चुंबक को घुमाने के लिए

एक स्विच

बी] माध्यमिक कुंडल

सी] <u>चक्का</u>

डी] कंडेनसर

180] जब इंजन घूमता है तो सबसे पहले करंट उत्पन्न होता है

ए] माध्यमिक घुमावदार

बी] <u>प्राथमिक घुमावदार</u>

सी] दोनों कुंडल

डी] कंडेनसर

181] सीबी अंक के घूर्णन के कारण खुलते हैं

ए] आर्मेचर

बी] <u>कैम</u>

सी] चक्का

डी] चुंबक।

182] करंट को स्टोर करता है और उसी को उलट देता है

ए] आर्मेचर

बी] स्पार्क प्लग

सी] <u>कंडेनसर</u>

डी] घोड़े का जूता

183] चुंबकीय क्षेत्र उत्पन्न करता है

ए] आर्मेचर

बी] स्पार्क प्लग

सी] कंडेनसर

डी] <u>घोड़े का जूता</u>

184] संपर्क तोड़ने वाले बिंदुओं को खोलता है

बी] स्पार्क प्लग

सी] कंडेनसर

डी] घोड़े का जूता

ई] <u>कैम</u>

185] चुंबकीय ध्रुवों के बीच घूमता है

ए] <u>आर्मेचर</u>

बी] स्पार्क प्लग

सी] कंडेनसर

डी] घोड़े का जूता

186] HT धारा को चिंगारी में बदलता है।

ए] आर्मेचर

बी] <u>स्पार्क प्लग</u>

सी] कंडेनसर

डी] घोड़े का जूता

187] वाहनों में अल्टरनेटर का उपयोग किया जाता है

ए] <u>बैटरी चार्ज करें</u>

बी] वर्तमान मापें

सी] वोल्टेज मापें

डी] डिस्चार्ज बैटरी।

dynamo distributor cap6

mmv distributor cap

कार में डायनमो (अल्टरनेटर) डिस्ट्रीब्यूटर कैप

188] अल्टरनेटर जीत के एसी करंट को का उपयोग करके डीसी में परिवर्तित किया जा सकता है

ए] कंडेनसर

बी] <u>रेक्टीफायर</u>

सी] ब्रश

डी] प्रेरण कुंडल।

189] कार्बन ब्रश की सवारी करते हैं

ए] कम्प्यूटेटर

बी] आर्मेचर

सी] <u>पर्ची की अंगूठी</u>

डी] रोटर।

190] स्टेटर वाइंडिंग के सिरे से जुड़े होते हैं

ए] फील्ड कॉइल

बी] कार्बन ब्रश

सी] कॉपर ब्रश

डी] डायोड।

191] स्लॉट में कॉइल्स की संख्या शामिल नहीं है

ए] डायोड

बी] स्टेटर

सी] उंगलियां

डी] हीट सिंक

192] फॉर्म 'एस' और एन पोल

ए] डायोड

बी] स्टेटर

सी] उंगलियां

डी] हीट सिंक

193] चार्जिंग रेट पढ़ता है

बी] स्टेटर

सी] उंगलियां

डी] हीट सिंक

ई] एमीटर

194] डायोड में गर्मी को अवशोषित करता है

ए] डायोड

बी] स्टेटर

सी] उंगलियां

डी] हीट सिंक

195] सिलिकॉन से बना

ए] डायोड

बी] स्टेटर

सी] उंगलियां

डी] हीट सिंक

196] बैटरी फिट करते समय सही निरीक्षण करें

ए] ध्रुवीयता

बी] माउंटिंग

सी] आसुत जल

डी] कुछ नहीं

197] अल्टरनेटर के आउटपुट की जाँच किसके द्वारा की जाती है

ए] लीड फ्लैश करना

बी] देख रहे हैं

सी] <u>उपकरणों का उपयोग करना</u>

डी] लीड हटाना

198] सेल वोल्टेज को मापता है

ए] प्रतिरोध

बी] वोल्टमीटर

सी] एमीटर

डी] <u>सेल परीक्षक</u>

lead acid battery6   electric-car-battery

वाहन में लेड एसिड बैटरी

199] बैटरी के वोल्टेज को मापता है

ए] प्रतिरोध

बी] <u>वोल्टमीटर</u>

सी] एमीटर

डी] सेल परीक्षक

200] ओम की इकाई है

ए] <u>प्रतिरोध</u>

बी] वोल्टमीटर

सी] एमीटर

डी] सेल परीक्षक

201] पैनल बोर्ड पर लगाया गया

ए] प्रतिरोध

बी] वोल्टमीटर

सी] <u>एमीटर</u>

डी] सेल परीक्षक

202] यदि स्टार्टर मोटर के लिए पतली केबल का उपयोग किया जाता है

ए] <u>केबल विल्ट गर्म हो जाता है</u>

बी] वोल्टेज ड्रॉप

सी] आपूर्ति कम वर्तमान

डी] आपूर्ति अधिक वर्तमान।

starter winding armature2

mmv Starter winding armature

वाहन में स्टार्टर वाइंडिंग आर्मेचर

203] बैटरी से मुख्य फीड तारों में का मुख्य रंग होता है सफ़ेद

बी] <u>ब्राउन</u> ।

डी] लाल

डी] `78` काला

204] पृथ्वी सर्किट रंग

सी] नीला / लाल

डी] लाल

ई] <u>काला</u>

एफ] सफेद

205] फ्रंट पार्किंग लैंप रंग

ए] ब्राउन

बी] पीला

सी] नीला / लाल

डी] <u>लाल</u>

206] इग्निशन सर्किट रंग

सी] नीला / लाल

डी] लाल

ई] काला

एफ] <u>सफेद</u>

207] सर्किट रंग उत्पन्न करना

ए] ब्राउन

बी] <u>पीला</u>

सी] नीला / लाल

डी] लाल

208] हेड लाइट सर्किट रंग

ए] ब्राउन

बी] पीला

सी] <u>नीला / लाल</u>

डी] लाल

209] बैटरी फीड सर्किट रंग

ए] <u>ब्राउन</u>

बी] पीला

सी] नीला / लाल

डी] लाल

210] टैंक यूनिट के स्लाइड आर्म की गति के अनुसार बदलती है

एक लहर

बी] गति

सी] <u>ईंधन स्तर</u>

डी] तेल स्तर।

211] जब टैंक इकाई के प्रतिरोध की तुलना में पूर्ण टैंक के कारण फ्लोट ऊपर उठता है

ए] उतार-चढ़ाव

बी] स्थिर रहता है

सी] कम करता है।

डी] <u>उठाता है।</u>

212] जब टैंक टैंक इकाई को खाली करना शुरू करता है तो फिएट

ए] <u>गिर जाता है</u>

बी] ऊपर उठो

सी] कंपन

डी] स्थिर रहता है।

213] परिनालिका के दो टर्मिनलों को जोड़िए।

ए] पिनियन

बी] ओवर रनिंग क्लच

सी] <u>सवारडिस्क</u>

डी] क्लच

214] लैम्प स्विच किस पर लगे हैं

ए] स्टीयरिंग कॉलम

बी] <u>पैनल बोर्ड</u>

सी] गियरलीवर

डी] हैंड ब्रेक लीवर।

215] लैम्पों को किसके द्वारा ओवरलोडिंग से बचाया जाता है?

एक स्विच

बी] <u>फ्यूज</u>

सी] धारक

डी] हार्नेस

216] टू व्हीलर टेल लैंप के रूप में उपयोग किया जाता है

ए] एक सममित बल्ब

बी] लघु बल्ब

सी] <u>फेस्टून बल्ब</u>

डी] एससी / एसएफ

217] पैनल इंस्ट्रूमेंट लैंप के रूप में उपयोग किया जाता है

ए] एक सममित बल्ब

बी] <u>लघु बल्ब</u>

सी] फेस्टून बल्ब

डी] एससीआईएस.एफ.

218] परावर्तक को स्थिति में रखने के लिए

ए] <u>हेडलैम्प</u>

बी] परावर्तक

सी] लेंस

डी] एडॉप्टर

219] फ्रंट पार्किंग लैंप कलर

ए] ब्राउन

बी] पीला

सी] नीला / लाल

डी] <u>लाल</u>

220] बल्ब का फिलामेंट के रूप में होता है

ए] <u>सर्पिल</u>

बी] सीधे

सी] लूप

डी] तारा।

221] हेडलाइट बल्ब के रूप में उपयोग किया जाता है

ए] <u>एक सममित बल्ब</u>

बी] लघु बल्ब

सी] फेस्टून बल्ब

डी] एससीआईएस.एफ.

222] हेड लाइट के पुर्जों को में बदला जा सकता है

ए] मुहरबंद बीम

बी] फ्लश फिटिंग प्रकार

C] <u>रिफोकस्ड बल्ब</u>

डी] हलोजन बल्ब।

223] हेड लाइट का उपयोग के रूप में भी किया जाता है

ए] साइड इंडिकेटर

बी] स्टॉप इंडिकेटर

सी] <u>सिग्नलिंग डिवाइस</u>

डी] हीटिंग डिवाइस।

224] शेल प्रकाश किरणों को सड़क पर निर्देशित करने के लिए

ए] हेडलैम्प

बी] <u>परावर्तक</u>

सी] लेंस

डी] एडॉप्टर

225] बल्ब को होल्डर में रखने के लिए

ए] हेडलैम्प

बी] परावर्तक

सी] लेंस

डी] एक <u>डॉप्टर</u>

226] रोशनी पैदा करने के लिए

बी] परावर्तक

सी] लेंस

डी] एडॉप्टर

ई] <u>बल्ब</u>

227] चपटे अंडाकार आकार की बीम बनाने के लिए

ए] हेडलैम्प

बी] परावर्तक

सी] <u>लेंस</u>

डी] एडॉप्टर

228] परावर्तक को स्थिति में रखने के लिए

ए] <u>हेडलैम्प</u>

बी] परावर्तक

सी] लेंस

डी] एडॉप्टर

229] जब हॉर्न का बटन दबाया जाता है तो हॉर्न से करंट प्रवाहित होता है...

ए] डायनेमो

बी] <u>बैटरी</u>

सी] स्टार्टर

डी] हॉर्न बटन।

230] हॉर्न ध्वनि तरंगें किसके कारण उत्पन्न होती हैं?

ए] हॉर्न पॉइंट्स में आर्किंग

बी] <u>डायाफ्राम का कंपन</u>

सी] अंक बंद करना

डी] अंक खोलना।

231] हॉर्न रिले में के टर्मिनल होते हैं

ए] आईबीसी

बी] बीपीएल

सी] एबीएफ

डी] <u>एचबीएस</u>

232] हॉर्न सर्किट बनाने और तोड़ने के लिए

ए] हॉर्न रिले

बी] हॉर्न स्विच

सी] <u>हॉर्न पॉइंट</u>

डी] सोलेनोइड

233] रिले संचालित करने के लिए

ए] हॉर्न रिले

बी] <u>हॉर्न स्विच</u>

सी] हॉर्न पॉइंट

डी] सोलेनोइड

234] हॉर्न की आवृत्ति बढ़ाने के लिए

बी] हॉर्न स्विच

सी] हॉर्न पॉइंट

डी] सोलेनोइड

ई] <u>टोन डिस्क</u>

235] बैटरी से हॉर्न तक अधिकतम करंट की आपूर्ति करने के लिए

ए] <u>हॉर्न रिले</u>

बी] हॉर्न स्विच

सी] हॉर्न पॉइंट

डी] सोलेनोइड

236] जब हॉर्न का बटन दबाया जाता है तो करंट प्रवाहित होकर हॉर्न में जाता है

ए] हॉर्न स्विच

बी] <u>सोलेनॉइड कॉइल</u>

सी] बैटरी

डी] चेसिस।

237] जब हॉर्न का बटन दबाया जाता है तो बटन स्पर्श करता है

ए] ग्राउंडेड प्लेट

बी] लाइव प्लेट

सी] दोनों

डी] इनमें से कोई नहीं।

238] हॉर्न की आवाज को किसके द्वारा ठीक किया जा सकता है?

ए] उच्च क्षमता बैटरी

बी] पेंच समायोजित करना

बी] अधिक संख्या का प्रयोग करें। सींग

डी] मोटे फ्यूज का उपयोग करना।

239] हॉर्न की आवाज खराब होने के कारण

ए] चिपचिपा बिंदु

बी] डिस्चार्ज की गई बैटरी

सी] चार्ज बैटरी

डी] उड़ा हुआ फ्यूज।

240] हवा के लिए मार्ग के रूप में कार्य करता है

ए] एयरहॉर्न

बी] ईंधन कटोरा

सी] एयर क्लीनर

डी] एयर ब्लीड

241] वाइपर मोटर से करंट प्राप्त करता है

ए] डायनेमो

बी] स्टार्टर मोटर

सी] कट आउट

डी] बैटरी।

242] आज के वाहनों में प्रयुक्त होने वाली वाइपर इकाई का प्रकार है

ए] विद्युत प्रकार

बी] हाइड्रोलिक

सी] वैक्यूम

डी] यांत्रिक।

243] वाइपर ब्लेड्स मेटिंग फेस किससे बने होते हैं?

ए] चमड़ा

बी] कपड़ा

सी] रबड़

डी] फाइबर

244] कार्रवाई को खींचने और धक्का देने के लिए रोटरी आंदोलन

ए] वाइपर मोटर

बी] क्रैंकिंग लिंक

सी] पिनियन

डी] वाइपर ब्लेड

245] हाथ और ब्लेड का संचालन करता है

ए] वाइपर मोटर

बी] क्रैंकिंग लिंक

सी] पिनियन

डी] वाइपर ब्लेड

246] विद्युत ऊर्जा को यांत्रिक ऊर्जा में परिवर्तित करता है

ए] वाइपर मोटर

बी] क्रैंकिंग लिंक

सी] पिनियन

डी] वाइपर ब्लेड

247] ब्लेड के दोलन का कारण बनता है

बी] क्रैंकिंग लिंक

सी] पिनियन

डी] वाइपर ब्लेड

ई] केबल

248] गिलास से पानी की परत को साफ करता है

ए] वाइपर मोटर

बी] क्रैंकिंग लिंक

सी] पिनियन

डी] वाइपर ब्लेड

280] कनेक्टिंग रॉड के ऊपर और नीचे के हिस्सों को बोल्ट किया गया है

ए] क्रैंकशाफ्ट मैन जर्नल

बी] क्रैंकपिनजर्नल

सी] कैंषफ़्ट

डी] पिस्टन पिन बॉस

281] क्रैंकशाफ्ट मुख्य जर्नल और क्रैंक पिन के बीच एक छेद ड्रिल किया जाता है

ए] क्रैंकशाफ्ट का संतुलन

बी] क्रैंकशाफ्ट वजन कम करना

सी] स्नेहनकनेक्टिंगरॉडबेयरिंग

डी] क्रैंकशाफ्ट कंपन को कम करना

282] पारस्परिक गति को घूर्णन गति में परिवर्तित करता है

ए] क्रैंकशाफ्ट

बी] चक्का

सी] टोक़ रिंच

डी] जोर असर

283] कार्रवाई को खींचने और धक्का देने के लिए रोटरी आंदोलन

ए] वाइपर मोटर

बी] क्रैंकिंग लिंक

सी] पिनियन

डी] वाइपर ब्लेड

284] व्हील हब बियरिंग्स को समायोजित करता है।

ए] किंगपिन

बी] स्प्रिंग पैड

सी] स्टबएक्सलशाफ्टभाग

डी] ट्रैक रॉड बॉल जोड़ों

285] ड्रॉ प्लेट के साथ धक्का

ए] क्लच कवर

बी] रिलीजअसर

सी] उंगलियों को छोड़ दें

डी] क्लच प्लेट

286] जोर भार लेता है

ए] क्रैंकशाफ्ट

बी] चक्का

सी] टोक़ रिंच

डी] जोरअसर

287]वितरक शाफ्ट द्वारा समर्थित है

ए] बॉल बेयरिंग

बी] खोल असर

सी] झाड़ीअसर

डी] सुई असर

288] ऊर्जा भंडार करता है

ए] क्रैंकशाफ्ट

बी] <u>चक्का</u>

सी] टोक़ रिंच

डी] जोर असर

289] फ्लाईव्हील रिंग के साथ संलग्न है

ए] <u>पिनियन</u>

बी] ओवर रनिंग क्लच

सी] सवार डिस्क

डी] क्लच

290] फ्लाईव्हील मैग्नेटो में शामिल हैं

ए] अस्थायी चुंबक

बी] बार चुंबक

सी] <u>स्थायी चुंबक</u>

डी] सुई चुंबक।

291] फ्लाईव्हील मैग्नेटो में, इग्निशन कॉइल है

ए] <u>स्थिर</u>

बी] चल रहा है

सी] घूर्णन

डी] दोलन।

292] स्थायी चुंबक को घुमाने के लिए

एक स्विच

बी] माध्यमिक कुंडल

सी] <u>चक्का</u>

डी] कंडेनसर

293] कूलिंग सिस्टम में कूलेंट के क्वथनांक को किसके उपयोग से बढ़ाया जाता है?

ए] वॉटर जैकेट

बी] वैक्यूम वाल्व केवल

सी] <u>दबावप्रकाररेडिएटरकैप</u>

डी] रेडिएटर कोर ट्यूब/पाइप

औद्योगिक प्रशिक्षण संस्थान

मासिक टेस्ट-1, अंक- 20, दिनांक:- ____________________

(प्रत्येक प्रश्न दो अंक का होता है)

1-6] गियर बॉक्स में प्रयुक्त

ए] मल्टी प्लेट क्लच

बी] डॉग क्लच

सी] शंकु क्लच

डी] डायाफ्राम क्लच

2-7] अधिक घर्षण क्षेत्र प्रदान करता है

ए] मल्टी प्लेट क्लच

बी] डॉग क्लच

सी] शंकु क्लच

डी] डायाफ्राम क्लच

3-8] छोटे चक्का का प्रयोग किया जाता है

ए] मल्टी प्लेट क्लच

बी] डॉग क्लच

सी] शंकु क्लच

डी] डायाफ्राम क्लच

4-9] स्प्रिंग एक रिलीज लीवर के रूप में कार्य करता है

ए] मल्टी प्लेट क्लच

बी] डॉग क्लच

सी] शंकु क्लच

डी] डायाफ्राम क्लच

5-10] ड्राइव तंत्र का प्रकार

ए] पिनियन

बी] ओवर रनिंग क्लच

सी] सवार डिस्क

डी] क्लच

6-11] पिनियन और आर्मेचर की तेज गति को रोकता है

ए] पिनियन

बी] ओवर रनिंग क्लच

सी] सवार डिस्क

डी] क्लच

7-12] फ्लाईव्हील रिंग के साथ जुड़ता है

ए] पिनियन

बी] ओवर रनिंग क्लच

सी] सवार डिस्क

डी] क्लच

8-13] परिनालिका के दो टर्मिनलों को जोड़िए।

ए] पिनियन

बी] ओवर रनिंग क्लच

सी] सवार डिस्क

डी] क्लच

9-14] डबल डिक्लच जरूरी नहीं है

ए] स्लाइडिंग जाल

बी] सिंक्रोमेश

सी] डबल डिक्लचिंग

डी] स्थानांतरण मामला

10-15] चार पहिया वाहन में प्रयुक्त

ए] स्लाइडिंग जाल

बी] सिंक्रोमेश

सी] डबल डिक्लचिंग

डी] स्थानांतरण मामला

औद्योगिक प्रशिक्षण संस्थान

मासिक टेस्ट -2, अंक- 20, तिथि:- _______________

(प्रत्येक प्रश्न दो अंक का होता है)

1-21] वाहन को उलटते समय चालक को नियंत्रित करना चाहिए

ए] क्लच

बी] फॉरवर्ड गियर

सी] त्वरक

डी] हैंड ब्रेक।

2-22] क्लच प्लेट असेंबली में एक सेंटर स्टील डिस्क होती है जिसमें स्प्रिंग के साथ रिवेट किया जाता है

ए] ताकत

बी] लचीलापन

सी] कम शोर

डी] झटके अवशोषित

3-23] कुत्ते के चंगुल का प्रयोग किया जाता है

ए] गियर बॉक्स

बी] घर्षण चंगुल

सी] ब्रेक

डी] अंतर

4-24] के लिए सिंक्रोमेश तंत्र प्रदान किया जाता है

ए] वाहन की गति बढ़ाना

बी] वाहन की गति को कम करना

C] स्मूथ गियर एंगेजमेंट'

डी] उपरोक्त में से कोई नहीं।

5-25] केवल स्पर गियर का उपयोग किया जाता है

ए] स्लाइडिंग जाल

बी] सिंक्रोमेश

सी] डबल डिक्लचिंग

डी] स्थानांतरण मामला

6-26] चिकनी गियर शिफ्टिंग के लिए प्रयुक्त

ए] स्लाइडिंग जाल

बी] सिंक्रोमेश

सी] डबल डिक्लचिंग

डी] स्थानांतरण मामला

7-27] हार्ड गियर शिफ्टिंग किसके कारण होती है

ए] घिसा हुआ क्लच डिस्क

बी] क्षतिग्रस्त मुख्य शाफ्ट बीयरिंग

सी] तुल्यकालन इकाई क्षतिग्रस्त

डी] गियरबॉक्स में अत्यधिक तेल।

8-28] गियर स्लिप किसके कारण होता है

ए] पहना हुआ सिंक्रोनाइज़र

बी] घिसा हुआ क्लच डिस्क

सी] सूखी मुख्य शाफ्ट असर

डी] क्लच का कमजोर दबाव वसंत।

9-29] विशेष गियर में शोर किसके कारण होता है

ए] अपर्याप्त क्लच पेडल फ्री प्ले

बी] क्षतिग्रस्त गियर दांत

सी] फटा गियर बॉक्स केस

डी] क्षतिग्रस्त सिंक्रोमेश इकाई।

10-30] गियरशिफ्ट लीवर का उपयोग के लिए किया जाता है

ए] रिलीजिंग क्लच

बी] गियर बदलना

C] इंजन की गति बढ़ाना

डी] वाहन की दिशा को नियंत्रित करना।

औद्योगिक प्रशिक्षण संस्थान

मासिक टेस्ट-3, अंक- 20, दिनांक:- ___________________
(प्रत्येक प्रश्न दो अंक का होता है)

1-36] कौन सा गियर रोटरी गति को रैखिक गति में परिवर्तित करता है

ए] वर्म गियर्स

बी] हेरिंग बोन गियर

सी] रैक और पिनियन

डी] पेचदार गियर

2-37] गियर स्लिप होने का क्या कारण है

ए] बिना चिकनाई वाला गियर लिंका-गेस

बी] गियर बॉक्स में कम तेल

सी] गियर के टूटे दांत

डी] गियर लीवर का गलत समायोजन

3-38] डिफरेंशियल गियर रेशियो की गणना निम्नलिखित में से किसी एक कथन से की जा सकती है:

ए] सन गियर

बी] ग्रह गियर

सी] क्राउन व्हील

डी] पिनियन

4-39] निम्न इंजन ऑयल प्रेशर के कारण हो सकता है

ए] भरा हुआ तेल फिल्टर

बी] तेल के नाबदान में अधिक तेल भरा

सी] इस्तेमाल किए गए तेल की उच्च चिपचिपाहट

डी] पंप गियर के बीच अत्यधिक प्रतिक्रिया

5-40] रोड व्हील टॉर्क बढ़ाता है

ए] इंजन

बी] चंगुल

सी] अंतिम ड्राइव

डी] यू जोड़ों

6-41] चार पहिया वाहन में प्रयुक्त

ए] स्लाइडिंग जाल

बी] सिंक्रोमेश

सी] डबल डिक्लचिंग

डी] स्थानांतरण मामला

7-42] फोर व्हील ड्राइव का इस्तेमाल करना चाहिए

ए] हमेशा

B] पहाड़ी पर चढ़ते समय

सी] रेत पर (गंदी जमीन)

डी] पहाड़ी पर चढ़ते समय।

8-43] गीली या रेतीली सड़कों पर गाड़ी चलाते समय हमेशा इस्तेमाल करें

ए] केवल चार पहिया ड्राइव

बी] केवल दो पहिया ड्राइव

सी] केवल पहला गियर

डी] अधिक त्वरण।

9-44] दबाव में द्रव

ए] भारी शुल्क इंजन शुरू करने के लिए

बी] स्टार्टर मोटर

सी] हाइड्रोलिक क्रैंकिंग

डी] इलेक्ट्रिक मोटर

10-45] गैसोलीन इंजन

ए] भारी शुल्क इंजन शुरू करने के लिए

बी] स्टार्टर मोटर

सी] हाइड्रोलिक क्रैंकिंग

डी] इलेक्ट्रिक मोटर

औद्योगिक प्रशिक्षण संस्थान

मासिक टेस्ट -4, अंक- 20, दिनांक:- _______________

(प्रत्येक प्रश्न दो अंक का होता है)

1-51] सिलेंडर के अंदर और बाहर दोनों तरफ तरल पदार्थ की अनुमति देता है

ए] पिस्टन

बी] पुश रॉड

सी] प्राथमिक कप

डी] चेक वाल्व

2-52] क्षतिपूर्ति बंदरगाह को सील करता है

ए] पिस्टन

बी] पुश रॉड

सी] प्राथमिक कप

डी] चेक वाल्व

3-53] पिस्टन को सक्रिय करता है

ए] पिस्टन

बी] पुश रॉड

सी] प्राथमिक कप

डी] चेक वाल्व

4-54] द्रव पर दबाव विकसित करता है

ए] पिस्टन

बी] पुश रॉड

सी] प्राथमिक कप

डी] चेक वाल्व

5-55] बाहर जाने के लिए ईंधन पर दबाव विकसित करता है

ए] वाल्व

बी] कुंडल वसंत

सी] डायाफ्राम

डी] रॉकर आर्म

6-56] डायाफ्राम को सक्रिय करता है

ए] वाल्व

बी] कुंडल वसंत

सी] डायाफ्राम

डी] रॉकर आर्म

7-57] ईंधन को अंदर और बाहर बहने दें

ए] वाल्व

बी] कुंडल वसंत

सी] डायाफ्राम

डी] रॉकर आर्म

8-58] डायाफ्राम को वापस करने में मदद करता है।

ए] वाल्व

बी] कुंडल वसंत

सी] डायाफ्राम

डी] रॉकर आर्म

9-59] एक अतिप्रवाह वाल्व का उपयोग किया जाता है

ए] ईंधन भराव से अतिरिक्त ईंधन वापस भेजने के लिए

बी] ईंधन फिल्टर को अधिक ईंधन की आपूर्ति करने के लिए

सी] स्वच्छ ईंधन की आपूर्ति करने के लिए

डी] लीक होने वाले ईंधन को लेने के लिए।

10-60] स्नेहन प्रणाली में अत्यधिक तेल का दबाव किसके कारण हो सकता है

ए] नाबदान में इंजन तेल की कम मात्रा

बी] राहत वाल्व का गलत समायोजन

सी] चूषण पाइप पर कम चूषण प्रभाव

डी] उपरोक्त में से कोई नहीं

औद्योगिक प्रशिक्षण संस्थान

मासिक टेस्ट -5, अंक- 20, तिथि:- ________________

(प्रत्येक प्रश्न दो अंक का होता है)

1-66] स्प्रिंग माउंटिंग के लिए एक सीट के रूप में कार्य करता है

ए] किंगपिन

बी] स्प्रिंग पैड

सी] स्टब एक्सल शाफ्ट भाग

डी] ट्रैक रॉड बॉल जोड़ों

2-67] फ्रंट एक्सल को स्टब एक्सल से जोड़ता है

ए] किंगपिन

बी] स्प्रिंग पैड

सी] स्टब एक्सल शाफ्ट भाग

डी] ट्रैक रॉड बॉल जोड़ों

3-68] ट्रैक रॉड के लिए लचीला आंदोलन प्रदान करता है

ए] किंगपिन

बी] स्प्रिंग पैड

सी] स्टब एक्सल शाफ्ट भाग

डी] ट्रैक रॉड बॉल जोड़ों

4-69] व्हील हब बियरिंग्स को समायोजित करता है।

ए] किंगपिन

बी] स्प्रिंग पैड

सी] स्टब एक्सल शाफ्ट भाग

डी] ट्रैक रॉड बॉल जोड़ों

5-70] फ्रेम के निचले भाग पर धुरी और वसंत के लिए सीट के रूप में कार्य करता है

ए] ऊपरी नियंत्रण शाखा

बी] कुंडल वसंत

सी] बॉल जोड़

डी] लोअर कंट्रोल आर्म

6-71] स्टीयरिंग अंगुली की गति के लिए धुरी के रूप में कार्य करता है

ए] ऊपरी नियंत्रण शाखा

बी] कुंडल वसंत

सी] बॉल जोड़

डी] लोअर कंट्रोल आर्म

7-72] कुशनिंग प्रभाव प्रदान करता है

ए] ऊपरी नियंत्रण शाखा

बी] कुंडल वसंत

सी] बॉल जोड़

डी] लोअर कंट्रोल आर्म

8-73] फ्रेम के शीर्ष पर धुरी और वसंत के लिए एक सीट के रूप में कार्य करता है

ए] ऊपरी नियंत्रण शाखा

बी] कुंडल वसंत

सी] बॉल जोड़

डी] लोअर कंट्रोल आर्म

9-74] जब सामने के पहिये सीधे आगे की स्थिति में हों और किंग पिन सेंटर और स्टीयरिंग आर्म्स एंड से होकर रेखाएँ खींची जाती हैं, तो वे किस बिंदु पर मिलेंगे?

ए] फ्रंट एक्सल के केंद्र में

बी] चेसिस के केंद्र में

सी] अंतर के पीछे पीछे धुरी के केंद्र में

D] डिफरेंशियल के ठीक आगे रियर एक्सल के केंद्र में

10-75] अपनी गति को मेशिंग भागों तक पहुंचाता है

ए] स्टीयरिंग व्हील

बी] कृमि

सी] स्टीयरिंग कॉलम

डी] सेक्टर/रोलर/बॉल नट/पेग

औद्योगिक प्रशिक्षण संस्थान

मासिक टेस्ट -6, अंक- 20, तिथि:- ________________

(प्रत्येक प्रश्न दो अंक का होता है)

1-81] टायर सेंटर लाइन और किंगपिन सेंटर लाइन के बीच का कोण

ए] नकारात्मक ऊँट कोण

बी] सकारात्मक ढलाईकार कोण

सी] किंगपिन झुकाव

डी] शामिल कोण वाहन

2-82] किंगपिन का झुकाव वाहन के केंद्र की ओर

ए] नकारात्मक ऊँट कोण

बी] सकारात्मक ढलाईकार कोण

सी] किंगपिन झुकाव

डी] शामिल कोण वाहन

3-83] किस प्रकार के स्टीयरिंग गियर बॉक्स में चर स्टीयरिंग राशन प्राप्त किया जाता है?

ए] वर्म और रोलर स्टीयरिंग गियर

बी] वर्म और नट स्टीयरिंग गियर

सी] वर्म और सेक्टर स्टीयरिंग गियर

डी] रैक और पिनियन स्टीयरिंग गियर

4-84] निलंबन में स्ट्रट रॉड का उपयोग किया जाता है

ए] पारंपरिक I बीम एक्सल टाइप सस्पेंशन

बी] कुंडल वसंत प्रकार निलंबन प्रणाली

सी] टोरसन बार निलंबन प्रणाली

डी] मैकफर्सन सिस्टम

5-85] स्प्रिंग्स और स्टीयरिंग लिंकेज वहन करता है।

ए] फ्रंट एक्सल

बी] ट्रैक रॉड

सी] स्टब एक्सल

डी] स्टब एक्सल आर्म

6-86] स्प्रिंग माउंटिंग के लिए एक सीट के रूप में कार्य करता है

ए] किंगपिन

बी] स्प्रिंग पैड

सी] स्टब एक्सल शाफ्ट भाग

डी] ट्रैक रॉड बॉल जोड़ों

7-87] फ्रेम के निचले भाग पर धुरी और वसंत के लिए सीट के रूप में कार्य करता है

ए] ऊपरी नियंत्रण शाखा

बी] कुंडल वसंत

सी] बॉल जोड़

डी] लोअर कंट्रोल आर्म

8-88] कुशनिंग प्रभाव प्रदान करता है

ए] ऊपरी नियंत्रण शाखा

बी] कुंडल वसंत

सी] बॉल जोड़

डी] लोअर कंट्रोल आर्म

9-89] हॉटचकिस ड्राइव में रियर और ड्राइविंग टॉर्क किसके द्वारा लिया जाता है

ए] रियर एक्सल हाउसिंग

बी] रियर लीफ स्प्रिंग

सी] सदमे अवशोषक

डी] इंजन माउंटिंग

10-90] हेल्पर स्प्रिंग का प्रयोग किया जाता है

ए] कारें

बी] जीप

सी] हल्का मोटर वाहन

डी] भारी ट्रक

<h2 style="text-align:center">औद्योगिक प्रशिक्षण संस्थान</h2>

मासिक टेस्ट-7, अंक- 20, दिनांक:- ___________________

(प्रत्येक प्रश्न दो अंक का होता है)

1-96] कैम का संचालन करता है

ए] ब्रेक पेडल

बी] लिंकेज

सी] कैम

डी] पेडल रिटर्न स्प्रिंग

2-97] लिंकेज का संचालन करता है

ए] ब्रेक पेडल

बी] लिंकेज

सी] कैम

डी] पेडल रिटर्न स्प्रिंग

3-98] आगे और पीछे के पहियों को तरल पदार्थ की आपूर्ति करता है

ए] ब्रेक पेडल

बी] मास्टर सिलेंडर पिस्टन

सी] व्हील सिलेंडर पिस्टन

डी] वितरण खंड

4-99] ब्रेक शू को ड्रम की ओर धकेलता है

ए] ब्रेक पेडल

बी] मास्टर सिलेंडर पिस्टन

सी] व्हील सिलेंडर पिस्टन

डी] वितरण खंड

5-100] द्रव पर दबाव बनाता है

ए] ब्रेक पेडल

बी] मास्टर सिलेंडर पिस्टन

सी] व्हील सिलेंडर पिस्टन

डी] वितरण खंड

6-101] लिंकेज के माध्यम से मास्टर सिलेंडर पिस्टन को धक्का देता है।

ए] ब्रेक पेडल

बी] मास्टर सिलेंडर पिस्टन

सी] व्हील सिलेंडर पिस्टन

डी] वितरण खंड

7-102] सिलेंडर के अंदर और बाहर दोनों तरफ तरल पदार्थ की अनुमति देता है

ए] पिस्टन

बी] पुश रॉड

सी] प्राथमिक कप

डी] चेक वाल्व

8-103] क्षतिपूर्ति बंदरगाह को सील करता है

ए] पिस्टन

बी] पुश रॉड

सी] प्राथमिक कप

डी] चेक वाल्व

9-104] पिस्टन को सक्रिय करता है

ए] पिस्टन

बी] पुश रॉड

सी] प्राथमिक कप

डी] चेक वाल्व

10-105] द्रव पर दबाव विकसित करता है

ए] पिस्टन

बी] पुश रॉड

सी] प्राथमिक कप

डी] चेक वाल्व

औद्योगिक प्रशिक्षण संस्थान

मासिक टेस्ट -8, अंक- 20, तिथिः- ________________

(प्रत्येक प्रश्न दो अंक का होता है)

1-111] अग्रणी और अनुगामी शू ब्रेक के संचालन के लिए

ए] डबल पिस्टन व्हील सिलेंडर

बी] सिंगल पिस्टन व्हील सिलेंडर

सी] स्टेप-बोर व्हील सिलेंडर

डी] बाधक प्रकार पहिया सिलेंडर

2-112] एयर टैंक से हवा के अतिरिक्त दबाव से राहत देता है।

ए] एयर कंप्रेसर

बी] अनलोडर वाल्व

सी] सुरक्षा वाल्व

डी] ब्रेक चैम्बर

3-113] हाउस डायफ्राम और पुशरोड

ए] एयर कंप्रेसर

बी] अनलोडर वाल्व

सी] सुरक्षा वाल्व

डी] ब्रेक चैम्बर

4-114] सिस्टम को संपीड़ित हवा प्रदान करता है

ए] एयर कंप्रेसर

बी] अनलोडर वाल्व

सी] सुरक्षा वाल्व

डी] ब्रेक चैम्बर

5-115] वायु टैंक तक पहुँचने के लिए अधिकतम वायु दाब को नियंत्रित करता है।

ए] एयर कंप्रेसर

बी] अनलोडर वाल्व

सी] सुरक्षा वाल्व

डी] ब्रेक चैम्बर

6-116] पार्किंग के दौरान फेल सेफ ब्रेक सिस्टम में ब्रेक कैसे लगाए जाते हैं

ए] ब्रेक एक्ट्यूएटर में वायु दाब द्वारा

बी] ब्रेक एक्ट्यूएटर में वसंत दबाव से

सी] ब्रेक एक्ट्यूएटर में वैक्यूम द्वारा

डी] यांत्रिक हाथ ब्रेक द्वारा

7-117] हवा से आगे और पीछे के ब्रेक की आपूर्ति करता है

ए] ब्रेक एक्ट्यूएटर

बी] दोहरी ब्रेक वाल्व

सी] सिस्टम सुरक्षा वाल्व

डी] फ्लिक वाल्व

8-118] वाहन पार्क करने के लिए संचालित।

ए] ब्रेक एक्ट्यूएटर

बी] दोहरी ब्रेक वाल्व

सी] सिस्टम सुरक्षा वाल्व

डी] फ्लिक वाल्व

9-119] स्प्रिंग प्रेशर लगाता है और सिस्टम में हवा का दबाव कम होने पर ब्रेक लगाता है

ए] ब्रेक एक्ट्यूएटर

बी] दोहरी ब्रेक वाल्व

सी] सिस्टम सुरक्षा वाल्व

डी] फ्लिक वाल्व

10-120] विभिन्न सर्किटों में हवा वितरित करता है

ए] ब्रेक एक्ट्यूएटर

बी] दोहरी ब्रेक वाल्व

सी] सिस्टम सुरक्षा वाल्व

डी] फ्लिक वाल्व

औद्योगिक प्रशिक्षण संस्थान

मासिक टेस्ट-9, अंक- 20, दिनांक:- ________________

(प्रत्येक प्रश्न दो अंक का होता है)

1-126] अग्रानुक्रम गुरु के पास है

ए] दो जलाशय और दो आउटलेट

बी] एक जलाशय और दो आउटलेट

सी] टो जलाशय और एक आउटलेट

डी] एक जलाशय और एक आउटलेट

2-127] ब्रेक ड्रम के किन दोषों को मोड़कर ठीक नहीं किया जा सकता है?

ए] टेपर

बी] ओवर हीटिंग

सी] अंडाकार

डी] स्कोरिंग

3-128]एक पहिया सिलेंडर में द्रव का दबाव निम्नलिखित में से किसी एक तरीके से बढ़ाया जा सकता है

ए] पिस्टन के व्यास को बदलकर

B] रबर के कप का व्यास बदलने से

सी] वसंत को बदलकर

D] ब्रेक शूज़ की अदला-बदली करके

4-129] एयर टैंक का बना होता है

ए] स्टील

बी] तांबा

सी] प्लास्टिक

डी] पीतल

5-130] एयर टैंक पर सुरक्षा वाल्व रोकता है

ए] वायु टैंक में तेल संचय

बी] अतिरिक्त हवा ब्रेक वाल्व तक पहुंचती है

C] उच्च दाब पर वायु टैंक का फटना

डी] ब्रेक फेल होने पर चलने वाला वाहन

6-131] दोहरे एयर ब्रेक सिस्टम में कितने एयर टैंक का उपयोग किया जाता है

एक

बी] दो

सी] तीन

डी] चार

7-132] वाहन के चालक के रूप में कार्य करने वाला व्यक्ति कहलाता है

एक कंडक्टर

बी] चालक

सी] यात्री

डी] दर्शक।

8-133] वाहन को खतरनाक स्थिति में छोड़ने पर अधिनियम

ए] एमवी अधिनियम 1988 का 125

बी] एमवी अधिनियम 1988 के 126

सी] एमवी अधिनियम 1988 का 128

डी] 122 एमवी अधिनियम 1988

9-134] रनिंग बोर्ड पर सवार होने के लिए अधिनियम

बी] एमवी अधिनियम 1988 के 126

सी] एमवी अधिनियम 1988 का 128

डी] 122 एमवी अधिनियम 1988

ई] 123 एमवी अधिनियम 1988

10-135] चालक के अवरोध के लिए अधिनियम

ए] एमवी अधिनियम 1988 का 125

बी] एमवी अधिनियम 1988 के 126

सी] एमवी अधिनियम 1988 का 128

डी] 122 एमवी अधिनियम 1988

औद्योगिक प्रशिक्षण संस्थान

मासिक टेस्ट-10, अंक- 20, दिनांक:- ___________________

(प्रत्येक प्रश्न दो अंक का होता है)

1-141] कार्बोरेटर को पेट्रोल वितरित करता है

ए] कार्बोरेटर

बी] पंप

सी] पाइप लाइन

डी] पेट्रोल टैंक

2-142] पेट्रोल रखता है

ए] एयर हॉर्न

बी] ईंधन कटोरा

सी] एयर क्लीनर

डी] एयर ब्लीड

3-143] अगर एक सिलेंडर में पेट्रोल हवा का मिश्रण संकुचित होता है

A] इसका आयतन कम हो जाता है

बी] इसका दबाव बढ़ जाएगा

C] इसका तापमान बढ़ जाएगा

डी] उपरोक्त सभी होगा

4-144]सक्शन स्ट्रोक के दौरान पेट्रोल इंजन में खींचा गया चार्ज होता है

ए] केवल हवा

B. वायु और पेट्रोल का मिश्रण

सी] पेट्रोल केवल

डी] पेट्रोल के अलावा अन्य ईंधन

5-145] एक पेट्रोल इंजन में वायु ईंधन मिश्रण सिलेंडर में खींचा जाता है, जिसके दौरान वैक्यूम बनाया जाता है

ए] पावर स्ट्रोक

बी] निकास स्ट्रोक

सी] सक्शन स्ट्रोक

डी] संपीड़न स्ट्रोक

6-146] पेट्रोल इंजन की उच्च ईंधन खपत के कारण हो सकता है

ए] कार्बोरेटर से ईंधन का रिसाव

बी] स्नेहन प्रणाली में दोष

सी] सेवन में हवा का रिसाव कई गुना

डी] गलत निष्क्रिय गति (बहुत कम)

7-147] कार्बोरेटर में फ्लोट सर्किट प्रदान किया जाता है

ए] ईंधन वाष्प को स्टोर करने के लिए

बी] हवा और ईंधन के मिश्रण की आपूर्ति करने के लिए

C] फ्लोट चैंबर में ईंधन का उचित स्तर बनाए रखने के लिए

डी] उपरोक्त में से कोई नहीं

8-148] इंजन की गति बढ़ाएं या घटाएं

बी] स्पीडोमीटर

सी] क्लच पेडल

डी] इग्निशन स्विच

ई] त्वरक

9-149] दूसरे वाहन को ओवरटेक करने की अनुमति देते समय

ए] तेज

बी] त्वरक कम करें

सी] वाहन बंद करो

डी] वाहन को दाईं ओर ले जाएं।

10-150] ईंधन पकड़ने वाली आग

ए] टीडीसी

बी] साइकिल

सी] बीडीसी

डी] इग्निशन

औद्योगिक प्रशिक्षण संस्थान

मासिक टेस्ट-11, अंक- 20, दिनांक:- ___________________

(प्रत्येक प्रश्न दो अंक का होता है)

1-156] पेट्रोल स्टोर करता है

ए] कार्बोरेटर

बी] पंप

सी] पाइप लाइन

डी] पेट्रोल टैंक

2-157] इंजन को डीजल डिलीवर करता है

ए] कार्बोरेटर

बी] पंप

सी] पाइप लाइन

डी] पेट्रोल टैंक

3-158] कार्बोरेटर को डीजल वितरित करता है

ए] कार्बोरेटर

बी] पंप

सी] पाइप लाइन

डी] पेट्रोल टैंक

4-159] डीजल रखता है

ए] एयर हॉर्न

बी] ईंधन कटोरा

सी] एयर क्लीनर

डी] एयर ब्लीड

5-160] हवा के लिए मार्ग के रूप में कार्य करता है

ए] एयर हॉर्न

बी] ईंधन कटोरा

सी] एयर क्लीनर

डी] एयर ब्लीड

6-161] ईंधन के कणों को तोड़ने में मदद करता है

ए] एयर हॉर्न

बी] ईंधन कटोरा

सी] एयर क्लीनर

डी] एयर ब्लीड

7-162] सिलेंडर में प्रवेश करने वाली हवा को साफ करता है

ए] एयर हॉर्न

बी] ईंधन कटोरा

सी] एयर क्लीनर

डी] एयर ब्लीड

8-163] बाहर जाने के लिए ईंधन पर दबाव विकसित करता है

ए] वाल्व

बी] कुंडल वसंत

सी] डायाफ्राम

डी] रॉकर आर्म

9-164] डायाफ्राम को सक्रिय करता है

ए] वाल्व

बी] कुंडल वसंत

सी] डायाफ्राम

डी] रॉकर आर्म

10-165] ईंधन को अंदर और बाहर बहने दें

ए] वाल्व

बी] कुंडल वसंत

सी] डायाफ्राम

डी] रॉकर आर्म

औद्योगिक प्रशिक्षण संस्थान

मासिक टेस्ट-12, अंक- 20, दिनांक:- ___________________

(प्रत्येक प्रश्न दो अंक का होता है)

1-171] धारा को बिंदुओं तक सीमित करता है

ए] सोलेनॉइड स्विच

बी] सक्रिय तार (गर्म होने पर)

सी] गिट्टी प्रतिरोधी

डी] सक्रिय तार (ठंडा होने पर)

2-172] अंक बंद करता है

ए] सोलेनॉइड स्विच

बी] सक्रिय तार (गर्म होने पर)

सी] गिट्टी प्रतिरोधी

डी] सक्रिय तार (ठंडा होने पर)

3-173] कोर को चुंबक में बदल देता है

ए] सोलेनॉइड स्विच

बी] सक्रिय तार (गर्म होने पर)

सी] गिट्टी प्रतिरोधी

डी] सक्रिय तार (ठंडा होने पर)

4-174] फ्लाईव्हील मैग्नेटो में होते हैं

ए] अस्थायी चुंबक

बी] बार चुंबक

सी] स्थायी चुंबक

डी] सुई चुंबक।

5-175] फ्लाईव्हील मैग्नेटो में, इग्निशन कॉइल है

ए] स्थिर

बी] चल रहा है

सी] घूर्णन

डी] दोलन।

6-176] बिन्दुओं में उत्पन्न होने से रोकने के लिए

एक स्विच

बी] माध्यमिक कुंडल

सी] चक्का

डी] कंडेनसर

7-177] प्राथमिक सर्किट को पूरा करने के लिए

एक स्विच

बी] माध्यमिक कुंडल

सी] चक्का

डी] कंडेनसर

8-178] एचटी करंट को प्रेरित करने के लिए

एक स्विच

बी] माध्यमिक कुंडल

सी] चक्का

डी] कंडेनसर

9-179] स्थायी चुंबक को घुमाने के लिए

एक स्विच

बी] माध्यमिक कुंडल

सी] चक्का

डी] कंडेनसर

10-180] जब इंजन घूमता है तो सबसे पहले करंट उत्पन्न होता है

ए] माध्यमिक घुमावदार

बी] प्राथमिक घुमावदार

सी] दोनों कुंडल

डी] कंडेनसर